जीने की राह के 125 सूत्र

पं. विजयशंकर मेहता

www.prabhatbooks.com

प्रकाशक

प्रभात पेपरबैक्स

प्रभात प्रकाशन प्रा. लि. का उपक्रम

4/19 आसफ अली रोड, नई दिल्ली-110002

फोन : 23289777 • हेल्पलाइन नं. : 7827007777

इ-मेल : prabhatbooks@gmail.com ❖ वेब ठिकाना : www.prabhatbooks.com

संस्करण

2021

मूल्य

दो सौ रुपए

मुद्रक

नरुला प्रिंटर्स, दिल्ली

———— ★ ————

JEENE KI RAAH KE 125 SOOTRA

by Shri Vijay Shankar Mehta

Published by **PRABHAT PAPERBACKS**

An imprint of Prabhat Prakashan Pvt. Ltd.

4/19 Asaf Ali Road, New Delhi-110002

ISBN 978-93-5186-837-8

₹ 200.00

लेखकीय

मैं विगत 28 वर्षों से भारत के प्रतिष्ठित अखबार 'दैनिक भास्कर' में स्तंभ लिखता आ रहा हूँ। कभी चर्चा चौराहे की, कभी जीवन-मंत्र, कभी पंचनामा तो कभी जीवन के सूत्र, इन नामों से मेरे स्तंभ छपते रहे। फिर आठ वर्षों में मैंने तीन हजार से अधिक व्याख्यान दे दिए। देश और दुनिया खूब घूमी। अनेक लोगों से संपर्क हुआ। नजदीकी बढ़ी तो लोगों ने अपनी समस्याएँ मुझे बताना शुरू कर दिया। एक बात मुझे भी समझ में आ गई कि जिसे देखो वह परेशान है। कोई संसार से, तो किसी को संपत्ति से, तो कोई है, जो संबंधों से दुःखी है। फिर स्वास्थ्य तो किसी को नहीं छोड़ता। आखिरी परेशानी होती है संतान की। लोग मेरे पास निदान के लिए आने लगे। मैं अच्छी तरह जानता हूँ, निदान मेरे पास नहीं, उन्हीं के पास है, जो समस्याग्रस्त हैं।

किसी भी समस्या को ठीक से समझ लेना ही उसका सबसे बड़ा निदान है। जीने की राह का मतलब ही है कि हर कदम पर समस्या आएगी, लेकिन साथ में समाधान भी लाएगी। कितना ही बड़ा दुःख या परेशानी आए, जीवन रुकना नहीं चाहिए।

इस पुस्तक में ऐसे ही सूत्र हैं, जिन्हें पढ़कर आपको लग सकता है कि ये पंक्तियाँ आप ही के लिए लिखी गई हैं। बहुत ध्यान और गहराई से देखेंगे तो आप किसी एक संवाद में समाधान पा लेंगे और हमारा पुस्तक लिखना सार्थक हो जाएगा। इसी भाव से इसे स्वीकार करें।

22 अप्रैल, 2016
हनुमान जयंती, चैत्र पूर्णिमा
संवत् 2073
उज्जैन

—पं. विजयशंकर मेहता
जीवन प्रबंधन गुरु
मो. : 09424015533
Email : humarehanuman@gmail.com

अनुक्रम

अहिंसा परम धर्मः

धर्म के साथ कर्म को जोड़ते हुए उसके बहुत सारे रूप प्रदर्शित किए जाते हैं। सबसे बड़ी गड़बड़ यह हुई है कि धर्म को हम बुद्धि और हृदय से हीन कर्मकांड से इतना अधिक जोड़ चुके हैं कि हमारे महापुरुषों के आदर्श वाक्य भी हमें याद नहीं रहें। धर्म विवेक-शून्य हो जाता है तो उसमें जड़ता आ जाती है। धर्म को समझने के बाद जीना चाहिए। समझ लें और यदि उसे जीएँ न तो भी मामला अधूरा रह जाएगा तथा बिना समझे जीने लगें तो भी मामला अधूरा रहेगा। महमूद गजनवी ने जब शिव मंदिर पर हमला कर दिया तो कहते हैं, उसने गायों को आगे रखकर उनकी आड़ में हमला किया। अब गायों को आगे देखकर मंदिरों की रक्षा करनेवाले गोहत्या से बचना चाहते थे। अतः हमले का ठीक से सामना नहीं कर पाए और मंदिर लूट लिया गया। यह धर्म का भ्रमित स्वरूप है। यदि आपने असली परमात्मा को पा लिया है तो फिर धर्म का स्वरूप निखर जाएगा। जब परमात्मा का परिचय जीवन में आता है तो आदमी छोटी बातों में नहीं उलझता। लोक परंपराओं को सही अर्थ में समझकर उनमें परिवर्तन ले आता है। अहिंसा को धर्म से जोड़ा गया है। यहीं से अहिंसा धर्म में भ्रम की शुरुआत हो जाती है। अहिंसक होने का मतलब है—काम, क्रोध, लोभ और अहंकार को छोड़ना। काम का अर्थ है—जो हमारे पास है, उससे ज्यादा पाने की आकांक्षा। संसार में दो तरह के कामी हैं—एक सांसारिक हैं, दूसरे धार्मिक कामी हैं। जो सांसारिक कामी हैं, वे बाजार में बैठकर धन, पद और प्रतिष्ठा इकट्ठी कर रहे हैं। जो धार्मिक कामी हैं, उनमें से कुछ साधु हो गए हैं, मुनि हो गए हैं, फकीर हो गए हैं। बस कामना की आवाज बदल गई है, लेकिन कामना नहीं बदली, यह एक तरह की हिंसा है। अहिंसक होइए, यानी स्वयं में संतुष्ट होना सीखिए।

□

धर्म का मार्ग :
सेवा, सत्य, परोपकार और अहिंसा

इस समय धार्मिक कार्यों की भरमार है। तीर्थ स्थानों पर भीड़ बढ़ गई है और अब लोग कहने लग गए हैं कि इन दिनों धरम-करम फैशन सा बढ़ गया है। इन सबसे आदमी धर्म-प्रेमी तो होगा, लेकिन उसे भक्त बनने के लिए कुछ कदम अपने भीतर बढ़ाने होंगे। अब हम यह समझ लें कि भक्ति का संबंध समग्र जीवन से है। एक-एक क्षण इसमें देना पड़ेगा, तभी आदमी भक्त होगा। कोई यह सोच ले कि एक घंटा पूजा कर लें, दस मिनट मसजिद हो आएँ, इबादत कर लें, गिरजाघर जाकर प्रार्थना कर लें, गुरुद्वारे जाकर अरदास हो जाए। वह यह सोच ले कि मैं भक्त हो गया, तो यह गलत है। एक घंटे की पूजा से महत्त्वपूर्ण यह है कि 23 घंटे हम क्या करते हैं? यदि 23 घंटे विपरीत हैं, जो एक घंटा भक्ति में बीता है तो वह झूठ है, धोखा है। आदमी बदलता नहीं है। 'सजे-धजे संसार में मिलता सब सामान, मुश्किल है बस ढूँढ़ना एक भला इनसान।' भला इनसान, यानी जिसके जीवन में भक्ति उतर गई हो। जो एक घंटे मंदिर में है, वही 23 घंटे जीवन-मंदिर के बाहर रहना चाहिए। इसलिए यदि हमें भक्त रहना है तो हमें होश में रहना चाहिए। भक्ति व्यक्ति का मूल्य माँगती है। इसलिए इनसान को भक्ति के साथ अंदर की यात्रा करनी चाहिए। जब एक बार हम अंदर की यात्रा कर लेंगे तो हमें भक्ति के मायने समझ में आएँगे। सुख-दुःख, अच्छा-बुरा, स्वर्ग-नरक यह सब भक्ति से समझ में आ जाएगा। इसलिए याद रखिएगा कि भक्ति की यात्रा इन चार शब्दों में पूरी हो सकती है—सेवा, सत्य, परोपकार और अहिंसा। ये चार कदम उठा लें तो हम परमात्मा तक पहुँच जाएँगे और सच्ची भक्ति को पा लेंगे। शुरुआत करने के लिए ऐसा भी कर सकते हैं, जरा मुसकराइए और सदा मुसकराइए।

□

शक्ति-संचार का अवसर हैं नवरात्र

समय बदलता ही है। फिर यह दौर तो और भी तेजी से बदल रहे दौर का है। जब समय साफ-साफ बदलता दिखे तो स्वयं को और दूसरों को बधाई दो। बीत गए से शिक्षा लो और आनेवाले समय के लिए उत्साहित हो जाओ। हिंदुओं ने इसे 'नव-संवत्सर' नाम दिया है। अपने भीतर की शक्ति के सदुपयोग के लिए परमात्मा ने काल खंड को भी हमारा सहयोगी बनाया है। ये नौ दिन अपने भीतर की ऊर्जा को सबसे नीचे के चक्र से ऊपर उठाने के दिन हैं। अपने मन के मंथन के लिए चैत्र के नवरात्र स्वर्ण अवसर है। जब हम गलत दिशा में चल रहे होते हैं तो मन हमें नहीं रोकता। मन को पतन, अनुचित और अप्रिय में बड़ी रुचि होती है। वह गलत के लिए समर्थन देता है। हमें सही से हटाने के मन के अपने तरीके हैं। वह प्रोत्साहन देता है, चलो कुछ गलत करें। इसीलिए इन दिनों में अपनी शक्ति को जाग्रत् करें, ताकि हम जान सकें कि जब मन कहे कि यह सही है तो हम गहरे उतरकर विश्लेषण कर लें, क्या वास्तव में यह सही है भी या नहीं। क्योंकि मन का सही परमात्मा के मार्ग का गलत होगा और मन जिसे गलत कहेगा, उसके सही होने का भी अध्ययन करने की शक्ति इसी नवरात्रि में आसानी से मिलेगी। ऊर्जा मूलाधार चक्र यानी काम-केंद्रों पर स्वभावतः पड़ी हुई है। इसे नाभि के नीचे स्वाधिष्ठान चक्र, फिर मणिपुर, अनाहत (हृदय), विशुद्ध (कंठ), आज्ञाचक्र, यानी दोनों भौंहों के बीच लाकर महसूस करना है कि शक्ति का हमने सदुपयोग किया और जीवन ऊर्जा को ऊपर ले आए। सारा व्यक्तित्व निखर जाएगा, यदि ऊर्जा काम-केंद्रों से मुक्त होकर ऊपर उठ गई। चलिए, स्वयं को निर्दोष बनाने के लिए ये नौ दिन समर्पित कर दें और आरंभ करने के लिए जरा मुसकराइए।

□

मन को शक्ति देनेवाली है : हनुमानचालीसा

अधिकांश लोग पूजा-पाठ में मंत्रों को, शब्दों को रट लेते हैं। यह सही है कि श्रद्धा से पढ़े हुए शब्द अपना असर करते हैं, लेकिन अर्थ समझकर दिल से यदि पंक्तियाँ बोली जाएँगी तो परिणाम और सुंदर होंगे। हनुमानचालीसा की 39वीं चौपाई में तुलसीदासजी कहते हैं, 'जो यह पढ़ै हनुमानचालीसा, होय सिद्धि साखी गौरीसा।' ऐसा नहीं लिखा है कि जो यह 'बोले', लिखा है 'पढ़ै', क्योंकि पुस्तक खोलकर पढ़ने का मतलब है कि नेत्रों से पढ़ना ही पड़ेगा। तुलसीदासजी यहाँ ऐसा लिख सकते थे कि जो यह 'सुने' हनुमानचालीसा। ऐसा होता तो लोगों को और आराम मिल जाता। किसी को सामने बैठा लेते कि सुनाओ, पाँच बार वो सुना देता, हम सुन लेते, लेकिन तुलसीदासजी ने स्पष्ट लिखा है जो यह 'पढ़ै' हनुमानचालीसा। पढ़ना खुद को पड़ता है, सुना कोई दूसरा भी सकता है। 'पढ़ै' शब्द का एक और गूढ़ अर्थ है, यदि हम जप भी करें तो हृदय की पुस्तक पर उस जप को पढ़ते रहें। कहने का मतलब यह है कि गाएँ भी तो अंतर्मुखी होकर हृदय की पुस्तक पर पढ़कर गाएँ। मन की पुस्तक खुली हुई है और हम उसे पढ़ रहे हैं, तो आनंद अलग ही आएगा। इसलिए गोस्वामीजी ने कहा कि पढ़ना ही पड़ेगा। आगे वर्णन आया है 'होय सिद्धि साखी गौरीसा।' तुलसीदासजी ने प्रमाण दिया 'साखी गौरीसा।' गौरीसा का अर्थ है—शंकर और पार्वतीजी। इनकी शपथ ली गई है। क्योंकि इन्हें श्रद्धा और विश्वास का प्रतीक माना गया है। कहने का मतलब यह है कि श्री हनुमानचालीसा श्रद्धा और विश्वास के साक्ष्य में पढ़ी जाए। हमारे भीतर श्रद्धा और विश्वास है, इसको प्रकट करने का एक सरल तरीका है, जरा मुसकराइए।

□

मौन की शक्ति

अध्यात्म में एक प्यारा शब्द है—आत्मानुभव। यह एक स्थिति है। यहाँ पहुँचते ही मनुष्य में साधुता, सरलता, सहजता और समन्वय की खूबियाँ जाग जाती हैं। नवरात्रों में बहुत से लोग मौन का प्रयोग करते हैं। आत्मानुभव के लिए मौन एक सरल सीढ़ी है। भीतर घटा मौन बाहर वाणी के नियंत्रण के लिए बड़ा उपयोगी है। जैसे ही वाणी नियंत्रित होती है, हम दूसरों के प्रति प्रतिकूल शब्द फेंकना बंद कर देते हैं। शब्द भी भीतर से उछाले लेते हैं और बाहर आकर निंदा के रूप में बिखरते हैं। ऐसे शब्दों का रुख अपनी ओर मोड़ दें, अपने ही विरोध में कहे गए शब्द आत्म-विश्लेषण का मौका देंगे। जितना सटीक आत्म-विश्लेषण होगा उतना ही अच्छा आत्मानुभव रहेगा। मन को आत्म-विश्लेषण करना नापसंद है। इसलिए वह हमेशा अपने भीतर भीड़ भरे रखता है। विचारों की भीड़ मन को खूब प्रिय है। फिर विचारों की भीड़ तो इनसानों की बेकाबू भीड़ से भी ज्यादा खतरनाक होती है। ऐसा भीड़ भरा मन मनुष्य के भीतर से तीन बातों को सोख लेता है—प्रेम, चेतना और जीवन को। प्रेमहीन व्यक्ति सिर्फ स्वार्थ और हिंसा के निकट ही जीएगा। चेतना को तो भीड़ भरा मन जाग्रत् ही नहीं होने देता। भीतर इतना शोर होता है कि इस विचार-भीड़ की चेतना की आवाज ही सुनाई नहीं देती। यहीं से एक बेहोश व्यक्ति जीवन चलाने लगता है। हमें लगता है कि हम जिंदा हैं, दरअसल में हम तो बेहोशी में ही सारे काम कर रहे होते हैं। हमारा जीवन उस समय एक कृत्य न होकर धक्का भर है। होश में आने के लिए नवरात्रों से अच्छा समय फिर नहीं मिलेगा।

□

ध्यान से धैर्य उपजता है

कुछ संयोग जीवन को और भी सुंदर बना देते हैं; जैसे धैर्य के साथ आशा को बनाए रखना। देखा गया है कि कुछ लोग मजबूरी को ही धैर्य समझ लेते हैं। अधिकांश ने तो अपने आलस्य को ही धैर्य की घोषणा बना दिया। अधीर लोग जल्दी पागल हो जाते हैं, उदास हो जाते हैं। ध्यान रखिएगा, उदासी भी पागलपन के शुरुआत की हल्की सी थाप है, पहली कड़ी है। पूरे पागलपन का तो फिर भी इलाज संभव है, पर आधे पागलपन का क्या करेंगे? इस अर्ध-स्थिति का इलाज दुनिया भर के मनोचिकित्सक भी नहीं कर सकते हैं, वे आपको बहाने लगा देंगे। हाँ, इसका इलाज एकमात्र अध्यात्म के पास है। मन के पार होने की कला सीख जाइए, और यह भी धैर्य से आएगी। इसके लिए ध्यान की क्रिया काम आएगी। ध्यान लगा या नहीं, इस पर ज्यादा जोर न दें। इसमें परिणाम से अधिक क्रिया महत्त्वपूर्ण है। बस इतना काफी है कि आप ध्यान की क्रिया भर करें। धैर्य से ध्यान करें, फिर ध्यान से धैर्य उपजेगा, यह एक कड़ी की तरह है। इससे वह और उससे यह पा जाना ही ध्यान तथा धैर्य होगा। अपने धैर्य को फिर आशा से जोड़ दें। आशा बनाए रखें कि जीवन में जो भी महान् है, वह मिलकर रहेगा। नवरात्रों में एक बात तय कर लें, वर्ष भर जो छलाँग विकास और प्रगति की आपको लगानी है, उसका आधार ध्यान यानी मेडिटेशन रहे। धैर्य और आशा की मजबूत जमीन से उछला हुआ मनुष्य हर उस आसमान को मुट्ठी में भर सकेगा, जिसे संसार ने सफलता का नाम दिया है।

□

प्रेम को जीवन का आधार बनाएँ

इस समय दो तरह के दांपत्य चल रहे हैं। पहला अशांत दांपत्य और दूसरा असंतुष्ट दांपत्य। जो पति-पत्नी नासमझ हैं, उनके उपद्रव खुद उनके सामने और दुनिया के आगे जाहिर हो जाते हैं। वे अपनी अशांति पर आवरण नहीं डाल पाते। दूसरे वर्ण का दांपत्य वह है, जिसमें पति-पत्नी थोड़े समझदार या कहें चालाक हैं, लिहाजा इस अशांति को ढक लेते हैं, उपद्रव को खिसका भर देते हैं। ऐसा दांपत्य असंतुष्ट दांपत्य है। फिर यह असंतोष स्त्री या पुरुष दोनों को ही अपने-अपने गलत मार्ग पर जाने के लिए प्रोत्साहित कर देता है, जिन्हें सचमुच घर बसाना हो, वे चमड़ी की तरह एक बात अपने से चिपका लें और वह है प्रेम। बिना प्रेम के परिवार चलाया जा सकता है, बसाया नहीं जा सकता। इस समय ज्यादातर लोगों की गृहस्थी शोषण और उत्पीड़न पर चल रही है। पति-पत्नी में से जो ज्यादा चालाक है, वह इसे व्यवस्थित ढंग से करता है और जो कम समझदार है, वह अव्यवस्थित तरीके से निपटा रहा है। मूल कृत्य में कोई अंतर नहीं है। प्रेम यदि आधार बनेगा तो जो पक्ष अधिक बुद्धिमान, समझदार होगा, वह अपने जीवनसाथी को भी वैसा बनाने का प्रेमपूर्ण कृत्य करेगा। यही आपसी मुकाबला न होकर समान होने के सद्प्रयास होंगे। गुण, कर्म और स्वभाव की समानता से जोड़े बन जाएँ, यह किस्मत की बात है। वरना अपनी समूची सहनशक्ति, उदारभाव और माधुर्य को अपने जीवनसाथी के साथ संबंधों में झोंक दें और इसके लिए जो ताकत लगती है, उसके शक्ति-संचय के लिए ये नौ दिन काम आएँगे। नाम भर नवरात्र है, पर इसमें गजब का उजाला है।

□

अपने जन्मजात गुण को बचाकर रखें

अपनी निजता के निकट जाने के सबसे सुंदर अवसर नवरात्र से हम गुजर रहे हैं। अपनी गरिमा से परिचित होने के बढ़िया दिन हैं ये। जिंदगी जीते-जीते हम यह भूल जाते हैं कि हमारे जीवन में जो महत्त्वपूर्ण था, वह जन्मजात था। पैदा होते वक्त हम उसे साथ ही लाए थे। अभी गलती यह कर रहे हैं कि इस खास को, महत्त्वपूर्ण को बाहर दुनिया में ढूँढ़ रहे हैं। भीतर टटोलिए, खोई हुई वस्तु की तरह हमारा अपना होना कहीं पड़ा हुआ है। जन्म हुआ है तो संसार में रहना भी पड़ेगा। संसार जितना देता है, उससे ज्यादा ले लेता है। इसलिए जो हमारे लिए जन्मजात महत्त्वपूर्ण है, उसपर नजर रखें, खोने न दें और दुनिया में जो खो रहे हैं, उसके प्रति जागरूक रहें। एक सवाल उठता है कि ये जन्मजात महत्त्वपूर्ण है क्या? कौन सी खास बात हम अपनी पैदाइश के साथ लाए हैं। यह बात है किसी परमशक्ति का अंश। जन्म के साथ हमारे भीतर हमारा परमात्मा भी आया है। उसकी मौजूदगी हमें यह अहसास कराती है कि मालिक कोई और है, हमें तो हुक्म का पालन करना है। हम सिर्फ माली हैं, बगीचे का मालिक कोई और है। अपनी पहली पहचान ईश्वरीय प्रतिनिधि के रूप में रखें। सारे कर्म, सभी रिश्ते इसी दायित्व-बोध के आसपास रहें। स्वार्थ और परमार्थ का संतुलन संसार में बनाना पड़ता है। यदि हम भगवान् के प्रतिनिधि हैं, ऐसा जान लें तो फिर हर दिन बेफिक्री से बीतेगा। नवरात्र में इस अनुभूति का अभ्यास सरल हो जाता है। निराशा और कुंठा से बाहर निकलने के लिए ये दिन नौ रास्तों की तरह हैं।

□

प्राणायाम से मन की शुद्धि करें

आज के समय में कुछ भी पाना हो तो परिश्रम के साथ उत्साह होना भी जरूरी है। ये दोनों जब मिल जाते हैं तो उसे 'तप' कहा गया है। तप में भी खून और पसीना दोनों बहते हैं, लेकिन बाहर नहीं भीतर। अंदर बहाए गए खून से ह्रदय की शुद्धि होती है और पसीने से मन का स्नान हो जाता है। यह कार्य प्राणायाम से होता है। आठों प्राणायाम जब इस कल्पना से जुड़ जाते हैं कि जीवन ऊर्जा नीचे के चक्र से ऊपर उठ रही है तो धैर्य, दृढता, साहस, लगन-स्फूर्ति, उत्साह जैसे लक्षण स्वयं प्रकट होने लगते हैं। नवरात्र के यही परिणाम हैं। अष्टमी इसका चरम है। ऊर्जा ऊपर उठते ही हम भीतर और बाहर एक जैसे होने लगते हैं। जीवन के विरोधाभास समाप्त हो जाते हैं। ओढ़े हुए सारे आवरण गिर जाते हैं। तब आपके चेहरे पर संतोष, सरलता और प्रतिभा की जो पहली प्रतिक्रिया होती है, उसे ही 'मुसकान' कहते हैं। नवरात्र में घटे तप का परिणाम प्रसन्नता होनी ही चाहिए। मुसकराहट उसकी प्रतिनिधि क्रिया है। अभी तो कुछ लोगों ने रिश्ते, मित्रता, पूजा-पाठ की तरह मुसकान को भी ढाल बना लिया है। हथियार की तरह इसका इस्तेमाल हो रहा है। आँसुओं को तो लोगों ने या तो सुखा दिया है या औजार बना लिया है। लेकिन नवरात्र का तप महसूस करने के बाद आई हुई मुसकान का परिणाम देगा। हमारी मुसकराहट भीतर के किसी सत्य को उजागर करनेवाली होनी चाहिए, न कि एक सौदा मात्र। नवरात्र का तप मुसकान को होंठों की कसरत नहीं, शुद्ध ह्रदय की अँगड़ाई बना देता है। आज की प्रोफेशनल लाईफ में हर व्यक्ति अपने आपको बाहर से खूब खुला और भीतर से बंद करके रखता है, लेकिन मुसकराहट की क्रिया आपको भीतर से खोलेगी, एक कली की तरह खिलाएगी। यही परिश्रम और उत्साह का परिणाम होगा। इसलिए नवरात्र की विदाई में जरा मुसकराइए। □

परमात्मा रूपी वृक्ष उगाएँ

परमात्मा के प्रति प्रेम जगाना हो तो परिवार एक पाठशाला है। रिश्तों में प्रेम एक बीज की तरह है, जिस दिन इसमें अंकुरण होता है, समझ लें, जीवन में परमात्मा की कोंपलें फूट पड़ी हैं। जैसे बीज टूटता है, फूटता है, तब वृक्ष बाहर आता है, ऐसे ही परिवार में प्रेम जब बनता है या फूटता है, दोनों ही स्थिति में परमात्मारूपी वृक्ष हाथ लगेगा ही। तुलसीदासजी ने हनुमानजी को केंद्र में रखकर जो चालीस चौपाइयाँ लिखी हैं, वे परिवार प्रबंधन की आचार-संहिता बन गईं। अपनी गृहस्थी में हम कई प्रयास ऐसे करते हैं, जैसे पानी पर खिंची लकीर। यह चालीसा आपके प्रयासों को खाली नहीं जाने देगा। परिवार में जो आमोद-प्रमोद के साधन होते हैं, यह तैंतालीस पंक्तियाँ उन्हें निष्काम कर्मयोग से जोड़ देती हैं। परिवार में भोग से प्यास जागती है और इस प्यास को योग से बुझाना पड़ेगा। भोग से विषाद होगा और वह योग का आरंभ होगा। योग तक पहुँचने के लिए श्री हनुमानचालीसा की चौपाइयाँ सीढ़ियाँ हैं। गृहस्थी के राग को अनुराग से गुजारकर विराग तक ले जाने के लिए ये चौपाइयाँ राजपथ हैं। इसका प्रत्येक शब्द आपको अपने ही अनुभव का गवाह बना देगा। जीवन में कितनी भक्ति और कितनी भौतिकता हो, इसके संतुलन के सूत्र समाए हैं इस चालीसा में। परिवार में आनेवाली अशांति, परेशानी और उदासी के लिए इसका प्रत्येक शब्द सहनाभूतिपूर्ण है। आज सारे विश्व में इसका महापाठ है। यह केवल धार्मिक अनुष्ठान नहीं है, यह तो प्रत्येक व्यक्ति की निजता को निखारने का उद्घोष होगा। राष्ट्रीय जागरण के लिए एक आह्वान है, मुरझाए हुए अंतःकरण के लिए नवजीवन है। आज सायंकाल 7 से 8 बजे श्री हनुमानचालीसा का सामूहिक और व्यक्तिगत महापाठ जीवन को हमारे हनुमान से ऐसे जोड़ देगा कि फिर कभी व्यक्तिगत, पारिवारिक, सामाजिक, व्यावसायिक और राष्ट्रीय टूटन महसूस नहीं होगी। □

प्रयास को परमार्थ में बदलें

सबसे बड़ा संतोष है कि आप किसी सद्कार्य में अपनी भूमिका सुनिश्चित कर लें। भौतिकता सिखाती है कि निजी प्रयासों में निजी लाभ जमकर होना चाहिए। सार्वजनिक लाभ तो उसमें एक बहाना होता है, लेकिन अध्यात्म कहता है, हर निजी प्रयास जब परमार्थ में तब्दील हो तो समझो, भक्ति हो गई। ऐसे प्रयासों के प्रति फिर परमात्मा आभार व्यक्त करता है। हमारा व्यक्तिगत संतोष भगवान् का दिया हुआ आभार होता है। करोड़ों लोगों ने कल महापाठ का बीज बो दिया। इस कमाल की क्रिया में बीज ही फल हैं। गायत्री परिवार के प्राणपुरुष आचार्य श्रीराम शर्मा कहते थे—ईश्वर से साझेदारी करो तो हर लिहाज से नफे का सौदा होगा। इसमें हम ईश्वर के प्रतिनिधि बनेंगे और हमारा हर कर्म निष्काम हो जाएगा। महापाठ की अनुभूति यही होनी चाहिए कि बाबा हनुमंतलाल हमारे हनुमान होकर हमारे साझेदार हो गए। राष्ट्र को भ्रष्टाचार और अपराध से मुक्त कराने के लिए भी ऐसी पार्टनरशिप बड़ी उपयोगी रहेगी। इसे कहेंगे ईश्वर की मरजी से चलना। क्यों गलत करें, क्या सही करें के प्रश्न जब मन में उठते हैं तो हमारा साझीदार उनके उत्तर देता चलता है। विशेष बात यह है कि ईश्वर केवल प्रश्नों का उत्तर ही नहीं देता, समस्याओं का समाधान ही नहीं सुझाता, बल्कि जीवन के रहस्यों को खोलता भी है। और सच यह है कि जीवन प्रश्नों का उत्तर नहीं, एक रहस्य है। इस रहस्य को जितना जान लेंगे, जीने का आनंद उतना बढ़ जाएगा। आज का आनंद उन सबके प्रति आभार व्यक्त करने में है, जिन्होंने महापाठ का बीज रोप दिया तथा हनुमानजी को अपना साझीदार घोषित कर गए।

□

असफलता में ही छिपी है सफलता

जीवन यांत्रिक हो जाए और मनुष्य शरीर बन जाए तो शायद परिणाम भले ही शानदार होंगे, पर उस सुख में शांति जाती रहेगी। आज शिक्षा और कॅरियर के हर स्तर पर इस बात की तैयारी की जा रही है कि व्यक्ति कुशल हो, योग्य हो, लेकिन चीजों की तरह उपयोगी और आज्ञाकारी रहे। हर हाल में सफल होना है, यह उम्मीद हो और इसकी पूर्ति के लिए प्रयासों की पराकाष्ठा भी रहे। लेकिन असफल होने पर प्राणों की बाजी लगा देना समझदारी नहीं होगी। सफलता का असली मजा वे लोग ज्यादा उठा सकेंगे, जो कभी-कभी असफल भी रहे होंगे। हर बार की सफलता खुशी कम भय ज्यादा दे जाएगी। सफलता की जिम्मेदारी यदि जाग्रत् आत्मा के कंधे पर होगी तो मनुष्य मशीन होने से बच जाएगा। भौतिक समस्याओं के आध्यात्मिक उपचार करने से मनुष्य की निजता खंडित नहीं होती और जीवन यांत्रिक होने से बच जाता है। जीवन में जड़ता नहीं होगी, बल्कि बहाव होगा गंगा के तीर की तरह। दुनिया आपको योग्य मशीन बनने के लिए मजबूर करेगी। मशीन को इससे कोई मतलब नहीं होता कि उसे चलाने और बंद करने के लिए हाथ कौन से हैं, लेकिन मनुष्य की गति को प्रोत्साहित करने के लिए और आवेग को शांत करने के लिए रिश्तों का स्पर्श जरूरी होता है। शायद इसी मशीनी मिजाज के कारण रिश्ते अपनी संवेदना खोते जा रहे हैं। तेज इनसानी दौड़ में रिश्ते बाधा और अपने लोग बोझ लगने लगते हैं। हर हाल में जीत और सुख पाने के लिए रोबोट न बनें, अपनी निजता को जानें और उसे बचाए रखें, संसार तब भी आपका उतना ही रहेगा। पर कम-से-कम तब आप अपने होकर और अपनों के लिए थोड़ा बहुत जी तो सकेंगे।

□

क्रोध के साथ करुणा भी रखें

क्रोध में भी एक शक्ति होती है, लेकिन यह भीतरी तेज को कम कर जाती है। कुछ लोग क्रोध को अपने संकल्प से जोड़ देते हैं। अब तो ऐसा होना ही है। समझा जाता है कि यह कुछ कर गुजरने की जिद है, पर होता वह क्रोध है। क्रोध किसी भी शक्ल में आए, परिणाम खतरनाक ही देगा। इसका लाभ उठाने का एक ही उचित तरीका है, इसे गुलाम बनाया जाए। हमारी मरजी पर यह नहीं, इस पर हमारी इच्छा हावी हो। यह हमारे आदेश से आए और निर्देश से चला जाए। इसकी खुद की घुसपैठ रोकी जानी चाहिए। जब कभी क्रोध आने की संभावना हो तो तत्काल अपनी चेतना से जुड़ जाएँ। इसके दो फायदे होंगे। पहला तो यह कि ऐसे में हमारा क्रोध होशपूर्ण रहेगा और दूसरी बात यह होगी कि इस क्रोध में भी करुणा जागी रहेगी। करुणा और क्रोध का कॉम्बिनेशन एक श्रेष्ठ आक्रामक प्रबंधन बन जाएगा।

करुणा संतुलन का तत्त्व है। क्रोध को अति से रोकेगा और अक्रोध की अति पर जाने से भी बचाएगा। अक्रोध की अति किसी भी व्यवस्था को अनुशासनहीन बना देगी तथा क्रोध की अति भीतरी नियंत्रण को ध्वस्त कर जाएगी। करुणा बिना होश के नहीं जागती। होश में रहने के लिए सतत प्रयास करने पड़ेंगे। कुछ समय स्वयं से जुड़ना होगा। ध्यान की क्रिया का एक परिणाम करुणा भी है। इसीलिए मेडिटेशन करनेवालों का क्रोध और अक्रोध कभी खाली नहीं जाता, वह दोनों ही स्थिति में शुभ परिणाम देता है।

□

बिना समर्पण के सत्संग नहीं

जीवन में आर्थिक, मानसिक और शारीरिक विकास तीनों एक साथ चलने चाहिए। इसके लिए जीवनशैली में सत्संग और ध्यान का एक साथ संतुलन बनाकर उतारा जाए। भारत में जिन्होंने भगवान् महावीर की प्रतिमाएँ बनाईं, उन्होंने कमाल किया। वे हर दिशा से और दृष्टि से समाधि में नजर आते हैं। उनकी प्रतिमाओं को ध्यान से देखें तो स्त्री और पुरुष की सारी विशेषताओं का संतुलित रूप देखने को मिलेगा। उनके व्यक्तित्व की ऊँचाई और स्थिति की जो गहराई थी, वह उनकी प्रतिमा देखकर भी समझी जा सकती है। जिनके पास समय न हो, वे केवल इसके सतत दर्शन करते रहें तो भी बहुत कुछ पाया जा सकता है। जो शांति हिमालय में मिलती है, वह शांति भगवान् महावीर की प्रतिमा को लगातार देखने से प्राप्त हो सकती है। उनके चेहरे के भाव में तो पूरी तरह डूब जाने का आमंत्रण है। ये प्रतिमाएँ समाधि और सत्संग दोनों की प्रतीक हैं। इसीलिए जब उनकी प्रतिमा के मुखड़े को गौर से देखो तो उसमें स्त्रैण सरलता तथा पुरुषत्व का प्रभाव एक साथ दिखता है। सत्संग के लिए स्त्री का चित्त होना जरूरी है। स्त्रियाँ समर्पण को पुरुषों के मुकाबले ज्यादा अच्छे से जानती हैं और जीती हैं। सत्संग बिना समर्पण भाव के नहीं होता। संभवतः इसी कारण सत्संग में महिलाएँ अधिक संख्या में पाई जाती हैं। पुरुष का सत्संग भी कैलकुलेटेड होता है, वह जल्दी समाधि में जाना चाहेगा। उसे थोड़ा सत्संग, ज्यादा समाधि चाहिए। स्त्री को ज्यादा सत्संग, कम समाधि चाहिए; लेकिन असली उपलब्धि दोनों के संतुलन में है और भगवान् महावीर की हर झलक ऐसे ही संतुलन का झरना है।

□

परोपकार भी निष्काम हो

परमात्मा के प्रति हम जो पुकार लगाते हैं, हनुमानजी उसे प्रभावी बनाते हैं। हनुमान जयंती का सीधा सा अर्थ है—एक ऐसे देवत्व की अनुभूति करना, जो हमें हमारे होने का सही अर्थ बता दे। इन्हें केवल पत्थर पर लपेटी हुई सिंदूर की मूर्ति न माना जाए। ये जीवन के पाँच महत्त्वपूर्ण तत्त्वों में से एक वायु तत्त्व है। अत: वैज्ञानिक रूप से इनकी उपस्थिति हमारे जीवन को दिव्य बनाती है। तमाम भौतिक चुनौतियों के बीच इस समय परिवार बचाना भी हमारे लिए एक बड़ी चुनौती है। हनुमानजी से जुड़ते ही हमारे हाथ में परिवार बचाने के चार सूत्र लग जाते हैं। पहला है भूषा, दूसरा भाषा, तीसरा भोजन और चौथा भजन। सुख, सफलता के साथ परिवारों में शांति भी बनी रहे, इसके लिए यह चार सूत्र बड़े उपयोगी हैं। भूषा का अर्थ है—ड्रेस कोड। हमारी पहचान क्या हो? सच तो यह है कि हम कोई भी आवरण न ओढ़ें। हमारी सहजता ही हमारी भूषा होनी चाहिए। हनुमानजी का कहना है कि मुझे आवरण से नहीं, आचरण से पहचानो। दूसरा सूत्र है—भाषा बचाई जाए। परिवार की भाषा प्रेम की भाषा होनी चाहिए। प्रेम आते ही प्रशंसा, प्रेरणा और परमात्मा इन तीनों की भाषा जीवन में आ जाती है। भोजन का अर्थ केवल शाकाहार से न लिया जाए, बल्कि हम दुर्गुणों का, अपराध और भ्रष्टाचार से अर्जित की हुई आय का भोजन अपने घरों में न लाएँ। यही सीख हनुमानजी ने विभीषण को दी थी। और चौथा सूत्र है—भजन, इसका सीधा सा अर्थ है घर-परिवार प्रतिष्ठा से अधिक चरित्र पर टिकें। हमारी हर गतिविधि इतनी निष्काम हो कि हम निज हित के साथ परोपकार लगातार करते रहें। परमात्मा ने इसे ही भजन माना है। हनुमान जयंती का यही संदेश है।

□

बच्चों जैसी सरलता धारण करें

इस बात को लेकर जरा भी निराश न हों कि हम कलयुग में रहते हैं और कलयुग में कहाँ हैं भगवान्? भगवान् हर समय रहा है और एक जैसा ही बना हुआ है। जैस-जैसे आध्यात्मिक अनुभूति गहरी होती जाएगी, हम समझ जाएँगे कि हमारे मन की दशा और आंतरिक आचार-विचार की स्थितियों का नाम ही कलयुग या सतयुग है। भीतर की गतिविधियाँ बाहर सतयुग या कलयुग बना देंगी। अगर उम्र से जोड़ना चाहें तो सरलता से समझ में आ जाएगा। बचपन सतयुग से मिलता-जुलता है और बुढ़ापे तक आते-आते समझ लीजिए, कलयुग आ गया। अब बुढ़ापे को सतयुग बनाना हो तो बच्चों जैसी सरलता, निष्कपटता और ऊर्जा अपने भीतर बनाए रखना होगी। इसलिए समय को हम ही साधें। संयोग से 20 मार्च से चैत्र मास आरंभ हो गया है। यह महीना सृजन का काल है। ब्रह्माजी ने सृष्टि की रचना इसी समय की थी। दुनिया की सबसे महत्त्वपूर्ण कृति मनुष्य इसी काल में गढ़ा गया। ब्रह्माजी ने मनुष्य को तैयार करके चैत्र मास में ही कहा था कि जाओ धरती पर और जियो तथा जीने दो। कहते हैं, सृष्टि बनाने के बाद ब्रह्माजी अपनी ही सफलता पर मोहित हो गए थे। शायद यह बात मनुष्यों में भी उतर गई है और इसीलिए कई लोग अपने सद्‌गुणों और सफलता पर मोहित हो जाते हैं। हमारी प्रशंसा हो, यह भाव अहंकार, क्रोध लेकर आता है और यहीं से हमारे आसपास का युग सतयुग से कलयुग में बदलने लगता है। युग-निर्माण योजना के कुलपुरुष पं. श्रीराम शर्मा कहते थे, आध्यात्मिक चिंतन के बिना मनुष्य में विनीत भाव नहीं आता और न उसमें अपने आप को सुधारने की क्षमता रह जाती है। इसलिए जितना गहरा आध्यात्मिक चिंतन होगा, समय हमारे लिए उतना ही सुंदर हो जाएगा। चैत्र मास का लाभ इसी प्रकार उठाया जाए। सृजन की एक सुंदर अभिव्यक्ति होगी, जरा मुसकराइए। □

पहले आँख, फिर प्रकाश खोजें

भगवान् को पाने के लिए भक्ति करनी पड़ती है। यह एक सामान्य विचार है। अधिकांश लोगों का मकसद भी यही होता है कि भगवान् मिल जाए। संत-महात्माओं से कई लोग यही प्रश्न पूछते हैं, क्या आपने कभी भगवान् को देखा है? कई लोग तो अपनी जिंदगी ऐसे व्यक्तियों की तलाश में गुजार देते हैं, जिन्हें कभी भगवान् मिला हो। दरअसल भगवान् को पाना और भक्ति करना, दो अलग-अलग बातें हैं। यदि किसी की दृष्टि चली जाए और वह अंधा हो जाए, तब उसे प्रकाश की जगह आँख खोजनी चाहिए। भक्ति एक तरह की आँख है, जिससे भगवान् देखा जा सकता है। भक्ति करने का अर्थ है—अपनी आँख को खोजना। जो अंधे लोग सीधे प्रकाश खोजने के चक्कर में रहेंगे, उन्हें जीवन भर अंधकार ही हाथ लगेगा। पहले आँख खोजी जाए। देखा गया है कि जिन्होंने सीधे भगवान् को खोजने की कोशिश की, उन्होंने जीवन भर कर्मकांड ही किया और इसमें निराशा हाथ लग जाती है। केवल कर्मकांड का अर्थ है—एक चौराहे पर ही चक्कर काटना। इसीलिए केवल पूजा करनेवाले लोग उदास और खिन्न भी पाए जाते हैं। अब पूजा को भक्ति में बदलना होगा। भक्ति जीवन में आते ही भीतर से रूपांतरण होना आरंभ हो जाती है। फिर भगवान् दिखना और मिलना सुनिश्चित है। तो महत्त्वपूर्ण यह है कि जीवन में भक्ति को लाया जाए। कर्मकांड इसका आरंभ हो सकता है। कर्मकांड करते हुए अपने भीतर के प्रेम को धीरे-धीरे बढ़ाएँ। जितना प्रेम बढ़ेगा, कर्मकांड के भक्ति में बदलने की संभावना भी उतनी ही बढ़ जाएगी। क्योंकि प्रेम की अधिकता में अहंकार को गलना पड़ता है। क्रिया निरहंकारी होते ही भक्ति बन जाती है और भक्ति की आँख से परमात्मा को दिखना ही पड़ता है।

□

सत्संग को अपने अंदर जाग्रत् करें

हार-जीत का खेल जीवन में बाहर ही नहीं चलता, बल्कि भीतर भी जय पराजय के दृश्य देखने को मिल जाते हैं। बस, इसके लिए जरा बारीकी से अपने भीतर झाँकना होगा। जैसे भीतर बुद्धि और हृदय में से कभी बुद्धि जीतती है, कभी हृदय हारता है। कभी विचार विजयी हो जाते हैं, कभी भाव जीतने लगते हैं। जब जो वृत्ति जीतती है, वैसी हमारी क्रिया होने लगती है। भारत के ऋषियों ने भीतर की इस हार-जीत को देखने के लिए सत्संग की बड़ी अद्‌भुत व्यवस्था की है। वे जानते थे कि मनुष्य स्वयं के भरोसे शायद भीतर न उतर पाए। इसलिए सत्संग एक सहारा बन जाता है। सत्संग को केवल देखने-सुनने की घटना न मानें। जब आदमी सत्संग में उतरता है, किसी के विचारों को सुनता है और उसमें डूबने की कोशिश करता है, तब यदि वह पुरुष है तो उसके भीतर का स्त्रैण चित्त जाग जाता है और बिना स्त्रैण चित्त जगाए आदमी भक्ति-रस में डूब भी नहीं पाता। इसलिए महिलाएँ सत्संग में बड़ी संख्या में होती हैं और लाभ भी अधिक उठा लेती हैं। इसका ठीक उल्टा भी होता है। स्त्रैण चित्त में सत्संग से कुछ पुरुषत्व भी जागता है। सत्संग स्त्रियों का आत्मविश्वास लौटाता है। यही उनके पुरुष भाव जागने के संकेत हैं। पुरुष में 50 प्रतिशत स्त्री और स्त्री में 50 प्रतिशत पुरुष आते ही व्यक्तित्व संतुलित हो जाता है। ऐसे संतुलित व्यक्तित्व से जब सत्संग किया जाता है तो अपने आप जागरण की इच्छा जाग्रत् होती है और यदि कोई ध्यान में उतर जाए, तभी समझें कि सत्संग का पूरा लाभ उठाया गया है। सत्संग यदि गुरु का हो तो ध्यान घटने की संभावना और अधिक हो जाती है।

□

ईर्ष्या सद्प्रवृत्तियों को खा जाती है

जब कभी आपके भीतर भय, घबराहट और भ्रम आने लगे तो गहराई में जाकर टटोलिए, इसके पीछे ईर्ष्या की वृत्ति नजर आएगी। ईर्ष्या हमारी सद्प्रवृत्तियों को धीरे-धीरे नुकसान पहुँचाने लगती है। फिर यह हमारी क्रिया में उतरने लगती है और यहीं से हम गलत काम करने लग जाते हैं। हमारे भीतर ईर्ष्या आते ही हम अपने आसपास कुछ जहरीली किरणें छोड़ने लगते हैं। लिहाजा जो हमारे संपर्क में आता है, उसे महसूस होने लगता है और यदि वह सामान्य व्यक्ति है तो वह भी इस क्रिया की प्रतिक्रिया करेगा तथा संबंध खराब होना शुरू हो जाते हैं। हमारी संस्कृति में ईर्ष्या मिटाने का एक सरल तरीका बताया है—थोड़े कोमल हो जाएँ, विनम्र हो जाएँ। जो जितना अधिक झुकेगा, वह उतना अधिक ईर्ष्या से मुक्त होगा। इसीलिए हमारे यहाँ झुककर नमस्कार करने की पद्धति चलाई है। प्रणाम तो झुककर किया ही जाता है, पर हमारे ऋषि-मुनियों ने नमस्कार में भी विनम्रता का भाव ला दिया। फिर इसके भी आगे एक और कदम है और वह है होंठों से प्रेमपूर्ण शब्दों का उच्चारण करना। कोई 'जय रामजी की' कहता है तो कोई 'जय माता दी' बोलता है। होंठ का संबंध हृदय से होता है। आप जैसे शब्द बोलेंगे, वैसा स्पंदन हृदय में होने लगता है। इसीलिए बार-बार कहा गया है कि उठते हुए, सोते वक्त, लोगों से मिलते समय कोई-न-कोई प्रभु स्मरण के शब्द बोले जाएँ, क्योंकि होंठ जब ऐसे शब्दों से जुड़ते हैं तो सीधा असर हृदय पर होता है। ऐसा हृदय ईर्ष्या वृत्ति को अनुमति नहीं देता और आसपास का पूरा वातावरण महक जाता है। अतः सावधान रहें, हर उन शब्दों के प्रति जो होंठों से स्पर्श होते हैं।

□

सबके नाथ हैं जगन्नाथ

भक्ति में हृदय की प्रमुखता होती है। बुद्धि से भक्ति करने में बाधा आएगी। प्रेम का स्थान हृदय है। हनुमानचालीसा की अंतिम चौपाई में तुलसीदासजी ने भगवान् से निवेदन किया है कि हमारे हृदय में विराजिए। हनुमानचालीसा मन से आरंभ हुई थी। पहले ही दोहे में श्री गुरु चरन सरोज रज, निज मनु मुकुरु सुधारि। बरनउँ रघुबर बिमल जसु, जो दायकु फल चारि।। यहाँ निज मनु का अर्थ है कि मन रूपी दर्पण को गुरु के चरणों की धूल से साफ किया जाता है। तो मन को लगातार साफ, शुद्ध करें और हृदय में परमात्मा के लिए स्थान बनाएँ। मन और हृदय के बीच में हनुमानचालीसा ने प्रवाह लिया है। 40वीं चौपाई में लिखा गया है—तुलसीदास सदा हरि चेरा। कीजै नाथ हृदय महँ डेरा॥ हे हनुमानजी! यह तुलसीदास सदा सर्वदा के लिए श्रीराम (हरि) का सेवक है। ऐसा समझकर आप उसके (तुलसीदास) के हृदय में निवास करिए। इस अंतिम चौपाई में 'नाथ' शब्द का प्रयोग किया है, 'कीजै नाथ हृदय महँ डेरा।' नाथ इसलिए कहा कि यदि हमको लगे कि हम अनाथ हैं, तो फिर हमारे भीतर बाबा हनुमंतलालजी की कृपा का अनुभव करें, हम अनाथ नहीं रहेंगे। तुलसीदासजी तो अनाथ थे ही। इसलिए अंत में उन्होंने अपने प्रभु को नाथ संबोधन से याद किया। आगे 'डेरा' शब्द का प्रयोग किया है। गोस्वामीजी ने स्पष्ट माँग की है कि—हे हनुमानजी! अकेले मत आना, पूरा डेरा-डंडा लेकर आना। डेरा-डंडा से मतलब है कि आप तो आएँगे ही, साथ में रामजी, सीताजी, लक्ष्मणजी पूरा डेरा लेकर आना। भक्त का हृदय भगवान् का कैंप होता है। डेरे में जब सब होते हैं, तब जाकर फिर डेरा पूरा लगता है और लगता है तो कोई एक दिन में नहीं उठता। इसलिए कहा है कि महाराज डेरा लेकर आना।

□

आंतरिक सुख ही सच्चा सुख

खुश रहने के कई तरीके हैं। सांसारिक माध्यम से जब हम खुश रहते हैं तो एक दिक्कत आती है, वह माध्यम खत्म हुआ और हम पुनः दुःखी हो जाते हैं। क्लब गए, टी.वी. देखा, खेल खेला, उनसे दूर हटे और हम वापस अशांत हुए। कुछ स्थायी इलाज ढूँढ़ना होंगे। अपनी निजी और आंतरिक वृत्तियों में इसके सहारे ढूँढ़े जाएँ। यदि स्थायी प्रसन्न रहना है तो अपने आंतरिक सुख को पकड़ें। जो लोग भी इस संसार में स्थायी रूप से प्रसन्न रहे हैं, उन्होंने अपने अकेलेपन को ठीक से समझा है और उसका एक बड़ा लाभ यह उठाया है कि उस अकेलेपन के दौरान अपनी भीतरी शक्तियों को विकसित कर लिया, क्योंकि ऐसा करने के लिए थोड़ा संसार से कटना जरूरी हो जाता है। भीतरी सुख थोड़ा सहज होता है, लेकिन सांसारिक सुख में एक उत्तेजना होती है। मजेदार बात यह है, इस संसार का दुःख भी उत्तेजित करता है और सुख भी, लेकिन इन दोनों को जब अपनी भीतरी शक्तियों से जोड़ दें तो भीतर न सुख होता है, न दुःख और इन दोनों के पार की स्थिति है शांति। परमात्मा ने हर व्यक्ति की समझदारी का एक आंतरिक तल तय कर दिया है। आप जितनी जल्दी उस तल तक पहुँच जाएँगे, उतने ही शीघ्र शांत हो सकेंगे। इस तल पर कोई उत्तेजना नहीं होती। यहाँ सबकुछ ठहरा हुआ रहता है। आप सुख और दुःख दोनों को भोग रहे होते हैं, लेकिन उत्तेजित नहीं रहते। बाहर अनेक लोगों से घिरे हुए रहने के बाद भी भीतर बिल्कुल एकांत घट रहा होता है। ऐसी शांति सुगंध बनकर आपके व्यक्तित्व से झरती है और उस घेरे में आनेवाले अन्य व्यक्तियों को वह महसूस भी होती है।

□

परमात्मा का स्थान है हृदय

जीवन में मंगल और शुभ की तलाश सभी को रहती है। अमंगल को आमंत्रण कोई नहीं देना चाहता। हनुमानचालीसा के समापन पर तुलसीदासजी ने हनुमानजी को मंगल के रूप में याद किया है। पवन तनय संकट हरन, मंगल मूरति रूप। राम लखन सीता सहित, हृदय बसहु सुर भूप॥ हे पवनसुत! आप सारे संकटों को दूर करनेवाले साक्षात् कल्याण स्वरूप हैं। आप भगवान् श्रीराम, लक्ष्मणजी और सीताजी के साथ मेरे हृदय में निवास करें। श्री हनुमानचालीसा का आरंभ 'श्रीगुरु चरन सरोज रज' से हुआ है और अंत 'हृदय' पर हुआ है। गुरु के चरण-रज से मन को साफ करें, क्योंकि परमात्मा को बसाने के लिए एकमात्र स्थान है हृदय। हृदय से स्वभाव बनता है और मस्तिष्क से व्यवहार बनता है। बाहरी संसार मनुष्य के व्यवहार से संचालित होता है और भीतरी जगत् (आध्यात्मिक) मनुष्य के स्वभाव से नियंत्रित होता है। पहली श्रेणी में वे लोग होते हैं, जो व्यवहार से स्वभाव को बनाते हैं। दूसरी श्रेणी में ऐसे लोग होते हैं, जो स्वभाव से व्यवहार बनाते हैं। ज्ञान, कर्म, उपासना, अपनी नौकरी, व्यवसाय, समाज, परिवार में दोनों ही प्रकार के लोग अलग-अलग परिणाम देते हैं। पहली श्रेणी के लोग कुशल होते हैं, किंतु उनके कार्यकलाप कहीं-न-कहीं स्वार्थ से प्रेरित होंगे। दूसरी श्रेणी के लोग सर्वप्रिय रहेंगे और उनकी कार्यशैली में मूल रूप से ईमानदारी रहेगी। ऐसे लोग स्वयं का मंगल करेंगे तथा दूसरों का भी कल्याण करेंगे। इनका हर काम शुभ और जनहितकारी होगा। आप दूसरों के संकट तभी हर सकते हैं, जब आपके भीतर शुभ करने की वृत्ति हो। इसलिए अपना स्वभाव साधें। इसके लिए एक काम जरूर करें, जरा मुसकराइए।

□

परम शक्ति पर भरोसा रखें

अपनी जीवन-यात्रा अपने ही भरोसे पूरी की जाए। यदि सहारे की आवश्यकता पड़े तो परमात्मा का लिया जाए। सहयोग संसार से लिया जा सकता है, पर इसके भरोसे न रहें। संसार के भरोसे ही अपना काम चला लेंगे, यह सोचना नासमझी है, लेकिन केवल अपने ही दम पर सारे काम निकाल लेंगे, यह सोच मूर्खता है। इसलिए सहयोग सबका लेना है, लेकिन अपनी मौलिकता को समाप्त नहीं करना है। इसके लिए अपने भीतर के साहस को लगातार बढ़ाते रहें। अपने जीवन का संचालन दूसरों के हाथ न सौंपें। हमारे ऋषि-मुनियों ने एक बहुत अच्छी परंपरा सौंपी है और वह है ईश्वर का साकार रूप तथा निराकार स्वरूप। कुछ लोग साकार को मानते हैं। उनके लिए मूर्ति जीवंत है और कुछ निराकार पर टिके हुए हैं। पर कुल मिलाकर दोनों ही अपने से अलग तथा ऊपर किसी और को महत्त्वपूर्ण मानकर स्वीकार जरूर कर रहे हैं। जो लोग परमात्मा को आकार मानते हैं, मूर्ति में सबकुछ देखते हैं, वे भी धीरे-धीरे मूर्ति के भीतर उतरकर उसी निराकार को पकड़ लेते हैं, जिसे कुछ लोग मूर्ति के बाहर ढूँढ़ रहे होते हैं। भगवान् के ये दोनों स्वरूप हमारे लिए एक भरोसा बन जाते हैं। वे दिख रहे हैं तो भी हैं और नहीं दिख रहे हैं तो भी हैं। यहीं से हमारा साहस अँगड़ाई लेने लगता है। जीवन में किसी भी रूप में परमात्मा की अनुभूति हमें कल्पनाओं के संसार से बाहर निकालती है। भगवान् की यह अनुभूति यथार्थ का धरातल है। व्यर्थ के सपने बुनकर जो अनर्थ हम जीवन में कर लेते हैं, परमात्मा के ये रूप हमें इससे मुक्त कराते हैं। क्योंकि हर रूप के पीछे एक अवतार कथा है। अवतार का जीवन हमारे लिए दर्पण बन जाता है। आईने में देखो, उस परमशक्ति पर भरोसा करो और यहीं से खुद का भरोसा मजबूत करो।

□

भक्त देना जानता है, लेना नहीं

दूसरों को अपने साथ जोड़ा जा सकता है, बल्कि जीवन का लंबा समय उनके साथ बिताया भी जा सकता है; लेकिन जब उनके विचारों को परिवर्तन करने का अवसर आता है तो या तो मतभेद हो जाते हैं या आप इसमें असफल हो जाएँगे। यह मामला केवल बाहरी दुनिया का नहीं है। परिवार में यदि माता-पिता अपने कुल की परंपरानुसार अच्छे विचारों को बच्चों में भी उतारना चाहते हैं तो यही परेशानी आती है। बच्चे आपका कहना मान लेंगे, आपके अनुसार दिनचर्या भी कर लेंगे, लेकिन विचार बदलने को तैयार नहीं होते। किसी का दृष्टिकोण बदलना है तो प्रेम को जीवन में उतारना होगा। दबाव में आप किसी की जीवनशैली बदल सकते हैं, चिंतनशैली नहीं बदल सकते। इसके लिए प्रेम की ही जरूरत पड़ेगी। अपने प्रेम को इतना विस्तार दिया जाए, बढ़ाया जाए कि फिर उसमें अपने आप अहंकार गलने लगता है। जैसे ही प्रेम में से अहंकार गया, भक्ति का प्रवेश शुरू हो जाता है। प्रेम जैस-जैसे ऊँचा उठेगा, भक्ति का रूप लेता जाएगा। इसलिए परिवारों में बच्चों को भक्ति करना सिखाएँ। आप उन्हें जो भी बनाना चाहें जरूर बनाएँ, पर भक्त वे बनें, ऐसा अवश्य करें। भक्त देना जानता है, लेना नहीं जानता। जैसे प्रेम माँगने लग जाए तो वासना हो जाती है। इसी तरह भक्ति यदि माँगने लग जाए तो मात्र कर्मकांड बन जाएगी। भक्ति जितनी जागेगी, परमात्मा पर भरोसा उतना बढ़ेगा। इसीलिए भक्तों के पास जाकर लोग आसानी से अपने विचार बदल लेते हैं और सद्विचार यदि सुपात्र में उतर जाएँ तो ऐसे लोग परिवार, समाज और राष्ट्र का हित ही करेंगे। भक्ति जगाने के लिए एक सरल तरीका है, जरा मुसकराइए।

□

असफलता का दोष दूसरों पर न मढ़ें

सफलता का श्रेय स्वयं लेना और असफलता का दोष दूसरे पर मढ़ना मनुष्य की आदत बन जाता है। क्योंकि श्रेय अहंकार को तृप्त करता है और दूसरों को दोष देने में ईर्ष्या वृत्ति को मजा आता है; लेकिन याद रखें, कुछ समय बाद दोनों के ही परिणाम में मन अप्रसन्न हो जाता है। इसलिए जब भी हम असफल हों, दूसरों में कारण न ढूँढ़ते हुए खुद के भीतर उतरकर अपनी ही कोई कमजोरी अवश्य पकड़ें। असफलता को जितना स्वयं की कमजोरी से जोड़ेंगे, अगली बार की सफलता के लिए रास्ता आसान बना देंगे और जितना दूसरों से जोड़ेंगे, पुनः असफल होने की तैयारी कर रहे होंगे। जैसे अच्छा स्वास्थ्य और बीमारी दोनों को ही संक्रमण माना गया है। यानी यह दोनों ही अपने साथवालों में जल्दी से प्रवेश कर जाते हैं। संक्रमण का अर्थ है—अज्ञात आक्रमण। असफल होने पर यदि आप स्वयं में कारण ढूँढ़ रहे होते हैं तो आप दुःख की तरंगों से मुक्त रहते हैं, क्योंकि भीतर आपको एक एकांत मिलता है और वह एकांत आपकी साँसों में भी शांति का स्वाद भर देता है। आपसे मिलनेवाले व्यक्ति उसी साँस को बाहर से महसूस करता है और काफी हद तक पी भी लेता है। यदि हमारी साँस में अहंकार का स्वाद है, अशांति का झोंका है तो हमसे मिलनेवाले लोग इसी को चखेंगे और हो सकता है, वे हमसे दूर जाने का प्रयास करें। इसे कहते हैं व्यक्तित्व की तरंग। किसी के भीतर से निकल रही तरंग हमको तरोताजा बना देती है और किसी के पास लौटने पर लगता है, हमें पूरा निचोड़ लिया गया है। अतः सफलता और असफलता पर अपने भीतर से जुड़कर बाहर की तरंगों को इतना स्वस्थ रखें कि हमसे मिलनेवाला हर व्यक्ति यह कहें कि इनके पास बैठकर अच्छा ही लगता है, हालात चाहे जैसे भी हों।

□

चिंता अवसाद की जननी है

पीड़ादायक स्मृतियों को भुला देना ही बुद्धिमानी है और अच्छी बातों को याद रखना समझदारी है; लेकिन यदि अच्छी बातें सही समय पर आचरण में न उतारी गईं, तो ये भी बोझ बन जाएँगी। कुछ घटनाएँ जीवन में ऐसी होती रहती हैं कि जिन्हें यदि नहीं भुलाया गया तो वे मानसिक उधेड़बुन में हमको पटक देती हैं और एक घटना फिर कई विपरीत घटनाओं को जन्म देनेवाली बन जाती है। इसलिए अप्रिय प्रसंगों को तत्काल विस्मृत करें। इनको सतत याद रखने का नाम है—चिंता। चिंता करनेवाला आदमी कुछ समय बाद अवसाद में जरूर डूबेगा। प्रिय और अच्छी स्थितियाँ सदुपयोग के लिए होती हैं। अपने शुभ कर्मों को एक जगह अपनी स्मृति में स्टॉक की तरह रखना चाहिए और उनका उपयोग भविष्य में करते रहना चाहिए। चार तरीके से अपने शुभ कर्मों को दूसरों के प्रति उपयोग करें। पहला, अपने से छोटी उम्र के लोगों से अपने शुभ कर्म जोड़ें, इससे स्नेह बढ़ेगा। अपने समान व्यक्ति, जैसे—दोस्त, पति-पत्नी से शुभकर्म जुड़कर प्रेम का रूप ले लेते हैं। तीसरा तरीका है—अपने से जो बड़े हैं, यानी माता-पिता, गुरु, समाज के वृद्धजन, इनके प्रति जुड़े हुए शुभकर्म श्रद्धा का रूप ले लेते हैं। जैसे ही हमारे शुभकर्म चौथे चरण में परमात्मा के प्रति जुड़ते हैं, बस फिर इसे भक्ति कहा जाएगा। इसलिए अशुभ, अप्रिय और अनुचित घटे हुए को विस्मृत करें, भूल जाएँ तथा शुभ को याद रखते हुए उनका इन चार चरणों में सदुपयोग करें। इसका सीधा असर आपके स्वास्थ्य पर पड़ेगा। क्या भूलना है और क्या याद रखना, यह अपने आप में एक इलाज है। आप चिंतामुक्त हुए और आपके कर्मों ने सफलता की यात्रा आरंभ कर दी। ऐसा मानकर चलिए और आरंभ करिए, जरा मुसकराइए।

□

सुख-दुःख में एकसमान रहे

जीवन जितना उच्च है, उतना ही हम घटनाओं में अनुकूलता देखने लगेंगे और जीवन की गतिविधियाँ जितनी अधिक निम्न स्तर की होंगी, हम प्रतिकूलता देखेंगे। अनुकूल यानी सुख, प्रतिकूल यानी दुःख। कोई भी दावा नहीं कर सकता कि सदैव एक ही स्थिति बनी रहेगी। इसलिए कोशिश यह की जाए कि दोनों ही हालात में जो उत्तम है, जो जीवन को ऊँचा ले जा सकता है, वह सब ग्रहण किया जाए और बाकी छोड़ दिया जाए। सुख और दुःख दोनों ही हमारे ऊपर राज न करें, बल्कि हम उन पर अधिकार बना लें। जैसे ही अधिकार बनेगा, दोनों के प्रति हमारा आग्रह बदल जाएगा। अभी हमारा सुख के प्रति आग्रह होता है और दुःख के प्रति नकारने का भाव होता है। श्रेष्ठ लोगों ने अपने जीवन में अनुकूल और प्रतिकूल परिस्थिति आने पर कैसा आचरण किया, लगातार इस पर वॉच रखें। सभी धर्मों ने यह सुविधा दी है कि आप कई विभूतियों के माध्यम से सीख सकते हैं। अवतार परंपरा संभवतः इसीलिए हुई है। यह न समझें कि अवतार किसी पुराने युग में हुए, उनका जीवन आज कैसे प्रेरणादायक होगा और यह भी न मानें कि आज तो हमारे बीच वे अवतार नहीं हैं। जिस भी युग में ऐसे लोग हुए, उस समय जिन लोगों ने उन्हें पाया, ठीक वैसी ही स्थितियाँ आज भी हमारे साथ हैं। हम अवतारों को उनके पुराने रूप में खोजने की आदत बना लेते हैं। हमने जो अपने भीतर छवि बनाई है, वह अपनी सुविधा से बना ली है। लेकिन भगवान् हर काल में नए-नए रूप में आता है। वह तब भी था और आज भी है। देश, काल, परिस्थिति के अनुसार वह नए स्वरूप में हमें मिलेगा ही। इसके लिए सबसे पहले स्वयं के भीतर के परमात्मा को स्वीकार करना पड़ेगा। हम उसका अंश हैं, यह अहसास ही हमें उसके स्वरूप से परिचित करा देगा। और तब जीवन का जो भी उत्तम है, वह हमारे हाथ जरूर लगेगा। □

प्रभु को हृदय में धारण करें

परमात्मा को जीवन में उतारना हो तो सबसे सही स्थान है—हृदय। इसकी साफ-सफाई करनी होगी। श्रीहनुमानचालीसा के अंतिम दोहे में तुलसीदासजी ने श्री आंजनेय को आमंत्रण दिया है कि वे पधारें, लेकिन साथ में श्रीरामजी, सीताजी और लखनजी को भी लाएँ और आने के पश्चात् वापस न जाएँ, स्थायी रूप से निवास करें। भगवान् को रहने के लिए तुलसीदासजी ने जो स्थान प्रस्तावित किया है, वह है उनका हृदय। 'कीजै नाथ हृदय महँ डेरा' तथा अंतिम दोहे में कहा 'हृदय बसहु सुर भूप।' हृदय में परमात्मा उतरते ही हम व्यवहार की जगह स्वभाव पर टिकना सीख जाते हैं। इससे स्वभाव सधेगा और ऐसे लोग सरल, सहज और सुव्यवस्थित होंगे। प्रबंधन की ऊँची उड़ानें इन्हीं तीनों से आरंभ होती हैं, परिश्रम की सारी ऊर्जा इन्हीं में समाहित है। जो सरल होता है, उसका सोच सत्य और स्पष्ट होता है। जो सहज होता है, उसके निर्णय परिपक्व और दूरगामी रहते हैं और जो सुव्यवस्थित है, वह अथाह परिश्रम में भी थकता नहीं। दुनिया की सारी सफलताएँ इन्हीं तीनों गुणों की दासी हैं और ये गुण श्रीहनुमानचालीसा का प्रसाद हैं। जब श्रीहनुमानचालीसा का समापन हो, तब विचार करें कि गोस्वामीजी ने यह जो श्रीहनुमानचालीसा लिखा है, यह हमारे लिए कैसे उपयोगी बने। तुलसीदासजी ने हनुमानचालीसा लिखकर यह बताया, इसकी पंक्ति-पंक्ति में परिणाम तो वेद मंत्र का ही है, लेकिन यदि कोई दोष हो जाए तो गलती से दुष्परिणाम नहीं मिलेगा। इतनी बढ़िया व्यवस्था कर दी। इसकी हर पंक्ति मंत्रों के समान प्रभावशाली और दिव्य बन गई।

□

निष्काम कर्मयोगी बनें

परिश्रम एक साधारण शब्द है, फिर इस समय जब मेहनत का बड़ा मोल है, सब लोग जमकर शोर मचाते हैं कि खूब मेहनत करो। इस चक्कर में परिश्रम और हम्माली का अंतर ही समाप्त हो गया। चलिए इन्हीं से मिलाजुला एक शब्द है—पुरुषार्थ। आज इससे परिचय प्राप्त करें। परिश्रम में जब मन, वचन और कर्म एक जैसे हो जाते हैं, तब वह पुरुषार्थ कहलाएगा। यह परिश्रम की दिव्य स्थिति है। जिनकी कथनी और करनी के बीच अंतर जितना कम होता है, उनकी सफलता और शांति के बीच भी उतना ही कम फर्क रह जाता है। जो लोग इस अंतर को मिटा देंगे, वे निष्काम कर्मयोगी होंगे। ऐसे लोग किसी भी क्षेत्र में हों, सफल होने पर कभी भी अशांत नहीं रहेंगे। हम यह कैसे तय करें कि हम जो कर रहे हैं या कह रहे हैं, वह सही है। अपने परिश्रम को पुरुषार्थ का रूप देते समय निर्णायक तत्त्व क्या हो। इसके लिए एक प्रयोग करिए, कुछ ऐसे लोगों को लगातार ढूँढ़ते रहें, जिनके पास बैठने पर चित्त रूपांतरित होने लगे। हमें अहसास हो कि इन्हें देखकर, सुनकर और इनके पास बैठकर हम अपने भीतर एक परिवर्तन महसूस करते हैं, जो सदैव सुखद होता है। इस बात का ध्यान रखें कि ऐसे व्यक्तियों के पास बैठते समय हमें जो उपलब्ध हो रहा है, उसके लिए हमें कोई प्रयास न करना पड़े, अपने आप ऐसा होने लगेगा, बस अपने को थोड़ा शून्य बना लीजिए, थोड़ा खाली छोड़ दीजिए। यदि अच्छे-से-अच्छे व्यक्ति के पास बैठकर भी हम खाली नहीं होंगे तो उसकी अच्छाई को अपने भीतर कैसे भरेंगे। उसकी आती हुई तरंगों का अपने खालीपन से स्वागत करना पड़ेगा और जब आप लगभग फ्रेश हो चुके हों, तब अपना परिश्रम करिए और ऐसा परिश्रम पुरुषार्थ में अवश्य बदल जाएगा।

□

जहाँ श्रद्धा, वहाँ भय कहाँ

बचपन से हमें सिखाया जाता है सावधान रहना, जिंदगी की राहों में भटक मत जाना। साधारणतया भटकने का अर्थ है—आवारागर्दी न करने लगें, चरित्रहीन न हो जाएँ, वासनाओं से न घिर जाएँ। हमारी अच्छी-खासी चलती यात्रा में दो चीजें होती हैं, तब हम भटकते हैं। पहला, यदि कोई धक्का लगे तो चाल लड़खड़ाएगी और दूसरा यदि कोई घसीट ले तो मार्ग से इधर-उधर हो जाएँगे। लोभ, मोह, काम, क्रोध, मान, पद, प्रतिष्ठा इन सबके धक्के हमें गिरा देते हैं। घसीटने के मामले में इंद्रियाँ बहुत ताकतवर होती हैं। खींच-खींचकर विषयों की ओर ले जाकर पटक देती हैं। इनसे बचने के लिए अपने भीतर या तो अति आत्मविश्वास जगा लें या श्रद्धा का अंकुर पैदा कर लें। श्रद्धावान व्यक्ति नसीहतों के प्रति गंभीर होता है। उसके लिए सीख आचरण से अधिक भरोसे का विषय होती है। माता-पिता और गुरुजन की सीख वह अनुशासन के रूप में नहीं, श्रद्धा के रूप में लेता है। जब हम श्रद्धावत् होते हैं, तब हम निर्भय भी हो जाते हैं, क्योंकि श्रद्धा हमें आश्वासन देती है कि कोई और हैं जो हमारी रक्षा कर लेंगे, जो हमारी ताकत को बढ़ा देंगे। झोंकों से गिरनेवाले और इंद्रियों से घसीटे गए लोग भविष्य के अज्ञात भय से भी डरने लगते हैं कि अब क्या होगा? यदि श्रद्धा जीवन में है तो भय को जाना ही पड़ेगा। एक बारीक बात और समझ ली जाए कि जीवन में जब भी भय आएगा, उसके मूल में अहंकार जरूर होगा। अहंकारी व्यक्ति अपना मूल्यांकन दूसरों से करवाता है। उसका जीवन दूसरों द्वारा की गई प्रशंसा और आलोचना पर निर्भर होता है। उसे सदैव भय बना रहता है कि दूसरे उसके बारे में क्या कहेंगे और इसीलिए वह धक्के भी खाता है तथा घसीटा भी जाता है। श्रद्धा आपको स्वयं पर टिकाएगी, निर्भय बनाएगी।

□

जाने से पहले लौटना सीखिए

यदि जाना सीखा है तो लौटना भी सीखिए। व्यावहारिक जानकारी हमें संसार में जाना सिखाती है और आध्यात्मिक ज्ञान हमें भीतर मुड़ना बताता है। जीवन में भक्ति और भौतिकता का संतुलन बनाए रखना चाहिए। अति हर बात की बुरी है। संयम की जरूरत हर क्षेत्र में है, पर संयम की भी अति न कर दें। हर परिस्थिति के दूसरे पहलू से परिचित जरूर रहें। संसार से भी परिचय रखें और संसार बनानेवाले को भी न भूलें। हम संसार में सफलता की खोज पर निकले हुए हैं। सभी यही कर रहे हैं, बस क्षेत्र अलग हैं, मार्ग अलग हैं, मंजिल अलग हैं। कुल मिलाकर चाहिए सबको सफलता। आप जो कुछ भी खोज रहे हों, थोड़ा रुकिए जरूर, फिर भीतर मुड़ जाएँ। अपनी इस तलाश को थोड़ा रोक दें, अपने भीतर झाँकें और कुछ पाने की कोशिश करें। जो भीतर मिलेगा वह बाहर की खोज और सफलता के अर्थ बदल देगा। अपना कुछ भी नहीं है, बस पकड़ने के तरीके को बदलना है। जैसे ही आपने अपने भीतर भगवान् होने को जान लिया, फिर आपके कर्म में निष्कामता आ जाएगी और आपकी वाणी में विश्वसनीयता तथा प्रभाव आ जाएगा। एक ऐसी स्थिति भी आ सकती है कि आपको बोलने की जरूरत भी नहीं पड़ेगी और लोग खुद-ब-खुद आपकी ओर खिंचे चले आएँगे। जैसे ही हम भीतर उतरते हैं, जिस ईश्वर से हमारा परिचय होता है, वह परमपिता है, जो सबके भीतर जन्म से ही आया हुआ है। हम उसके निकट गए, उसको पहचाना और उसी के जैसे होना शुरू कर देते हैं। बाप की नकल बेटा करता ही है। संतानों में अपने जनक-जननी के लक्षण आ ही जाते हैं। इस अनुभूति के बाद हमारी बाहरी क्रियाएँ ईश्वर की तरह दिव्य और पवित्र होने लगती हैं।

□

आदतों से मुक्त हो जाएँ

संसार में रहते हुए हम कुछ आदतों को ओढ़ लेते हैं और कुछ को जीने लगते हैं। आदतों का स्वभाव होता है कि उसे बार-बार करने की इच्छा होती है। पुनरावृत्ति आदत का मूल स्वभाव है। देर से उठने की आदत है तो अगले दिन फिर देर से उठने की इच्छा होगी। आदत अतीत से जुड़कर अतीत को ही भविष्य में पटकने पर उतारू होती है। इसीलिए कहा है, सावधानी से आदतों से मुक्त हो जाएँ। आदत से बचने के लिए अपने भीतर के स्वभाव को समझना होगा। अभी तो हमने भक्ति को भी आदत बना लिया है, जबकि भक्ति स्वभाव का विषय है। सामान्य रूप से ऐसा समझा जाता है कि जो लोग भक्ति कर रहे हैं, वे या तो कमजोर लोग हैं या छोटे ओहदे के व्यक्ति हैं। यह एक भ्रम है। जिनके पास मिटने की क्षमता है, वे ही भक्ति कर सकेंगे, क्योंकि जितना हम मिटेंगे, उतने ही हमारे भीतर के परमात्मा को रूप लेने कर अवसर मिलेगा। जितना हमने अपने को बचाया, समझ लें, उतना ही उसको खोया। भक्ति एक आत्मघाती आर्ट है। इसलिए जैसे-जैसे भक्ति जीवन में उतरेगी, हमें भीतर उतरने में सुविधा होगी। मन को निष्क्रिय करने में सहारा मिलेगा। अभी मन मालिक है और शरीर गुलाम। लेकिन भक्ति के उतरते ही परमात्मा प्रकट होने लगता है और ईश्वर की अनुभूति के सामने मन गौण हो जाता है। मन मौन हुआ और हमारी सारी मस्ती, तमाम शोर-शराबे, धूमधाम भौतिक सफलताओं के बाद भी हमें खूब शांत रखेंगे, प्रकाश ही प्रकाश होगा और इसी प्रकाश को 'आंतरिक उत्सव' कहा गया है। जब हर काम आनंद हो जाए तो फिर जिंदगी के अर्थ ही बदल जाते हैं।

□

प्रतिफल को साक्षी भाव से देखें

धर्म निश्चय से होता है, व्यवहार से नहीं। यह दार्शनिक वाक्य धर्म और अध्यात्म के बीच में सेतू की तरह है। इन दिनों धर्म की स्थिति धार्मिक लोगों ने ही भ्रम और विवाद जैसी बना दी है। खासतौर पर नई पीढ़ी के लोग समझ नहीं पा रहे हैं कि आखिर किस तरह से धार्मिक हुआ जाए। जैन ग्रंथों का अध्ययन करनेवाले दिगंबर जैन समाज के सद्गुरु कानजी स्वामी ने इस वाक्य को कहा था। 'धर्म निश्चय से होता है' का अर्थ उन्होंने बताया था कि केवल कर्मकांड, पूजापाठ से दिव्य स्थिति उपलब्ध नहीं होगी। अध्यात्म एक स्वभाव होता है, इसे जीना पड़ता है। कानजी स्वामी ने जैन ग्रंथों का व्यापक अध्ययन करके बहुत ही सुंदर आध्यात्मिक विचार प्रकट किए थे। उन्होंने एक जगह कहा था, जीवन में कोई भी कार्य करना हो तो दो बातें होती हैं—पहला निमित्त और दूसरा उपादान। इसमें उपादान महत्त्वपूर्ण है। जैसे किसी स्त्री ने रोटियाँ बनाईं। अब इसमें वह स्त्री, बरतन और रोटी तो निमित्त होंगे, लेकिन उपादान होगा आटा। जिंदगी के प्रति जिस दिन ऐसा नजरिया आता है, कार्य के फल में निष्कामता अपने आप आ जाएगी और इसी का परिणाम होगा सफलता के साथ शांति भी आएगी। जीवन में बहुत सारी चीजें क्रमबद्ध घटती हैं। कानजी स्वामी एक जगह कहते हैं—घटनाओं का तयशुदा क्रम परिवर्तित नहीं होता। इसीलिए पुरुषार्थ पूरा किया जाए एवं फल को साक्षी भाव से देखा जाए। जीवन में जो तय है, वह अपने आप प्रकट होगा। जैसे कुआँ खोदते समय पानी को कहीं ओर से नहीं लाना पड़ता। वह तो मौजूद रहता ही है। सिर्फ आसपास के मिट्टी, कंकर-पत्थर हटा दिए जाएँ तो पानी स्वयं निकल आएगा। जिंदगी में व्यर्थ को हटा दें तो सार्थक अपने आप बाहर आता है।

□

सफलता के साथ शांत चित्त जरूरी

यह दिख रही सफलता को केवल अर्जित करने का ही नहीं, बल्कि नई-नई सफलता गढ़ने का भी युग है। असफल कोई नहीं रहना चाहता। इसी कारण सतत सफलता का तनाव असफलता से भी ज्यादा हो गया है। सुख अर्जित करना एक बड़ी सफलता माना जा रहा है। पढ़ा-लिखा हो या बिना पढ़ा-लिखा, आजकल इतना सक्षम और जुगाड़ू तो आदमी होता ही जा रहा है कि इधर-उधर से सुख उठा ही लेता है। सुख की सामान्य परिभाषा यही बना दी गई है कि जो हमारे अनुकूल हो, वह सुख तथा विपरीत हो वह दुःख। तो सुख अर्जित करना इस समय बहुत कठिन काम नहीं है। परंतु सवाल यह है कि शांति कहाँ से लाएँगे? यह किसी तिजोरी से नहीं निकलती, किसी सैलेरी से नहीं मिलती, केवल बही-खाते में नहीं बसी है, किसी इंस्टीट्यूट में नहीं पढ़ाई जाती। यह तो आदमी को खुद अर्जित करनी पड़ेगी। सुख के साथ जब शांति होगी, तभी सफलता सही और स्थायी होगी तथा जीवन सुंदर होगा। तुलसीदासजी ने रामचरितमानस के पाँचवें सोपान का नाम सुंदरकांड रखा है। इसमें हनुमानजी की सफलताओं के प्रसंग हैं। इसके आरंभ के श्लोक का पहला शब्द ही शांति को समर्पित है—शान्तं शाश्वतमप्रमेयमनघं निर्वाणशान्तिप्रदं... शांत, सनातन, अप्रमेय (प्रमाणों से परे), निष्पाप, मोक्षरूप परमशांति देनेवाले श्रीराम की वंदना इन पंक्तियों में की गई है। जीवन सुंदर ही तब है जब सफलता के साथ शांति हो। सुंदरकांड में हनुमानजी ने तीन बड़ी सफलताएँ एक साथ अर्जित की थीं। सीताजी को संदेश दिया था, विभीषण के हृदय में श्रीराम का स्वभाव स्थापित किया और रावण के मन में प्रभाव।

□

आत्मानुशासन परम आवश्यक है

दृढ निश्चय कार्य की सफलता के लिए जरूरी है। इस निश्चय में निश्चलता और जोड़ देनी चाहिए। यानी हम कार्य को पूरा करने के लिए जितने अनुशासित रहेंगे, उतने ही विनम्र भी होंगे। निश्चय मतलब अपने ही प्रति अनुशासन हेतु कठोर होना और निश्चल यानी दूसरों के मामले में कुटिल भावना न रखना। अपने ही द्वारा बनाए गए नियमों का अपने ही द्वारा पालन करना कोई आसान काम नहीं है। बड़े-बड़े इसमें चूक जाते हैं। अपने अनुशासन का पालन करने के लिए हमें सतत स्वयं के गुण-दोषों की पहचान और आकलन करना होगा। इसके लिए एक सरल तरीका है—सत्संग करते रहना। सत्संग में या तो हम किसी महापुरुष को सुन रहे होते हैं, देख रहे होते हैं और उन्हीं के द्वारा पहले बीत गए कुछ अवतारों, फकीरों की जीवनी सुन रहे होते हैं। जीवन का जो भी श्रेष्ठ होता है, वह सत्संग में उस समय उतर रहा होता है। लिहाजा कोई चूक न हो जाए, इसलिए आत्म-अनुशासन काम आता है। अपने व्यक्तित्व में दृढता लाने के लिए सत्संग के माध्यम से महान् हस्तियों की जीवन शैली को ऐसे सुना जाए, जैसे पहले उन लोगों ने जीवन जिया है। चाहे राम हों या कृष्ण, जीसस हों या महावीर बुद्ध हों, इन सबका जीवन बिल्कुल ऐसा था, जैसे बाँसुरी। बंसी अपनी आकृति और कृति से एक बड़ा सुंदर संदेश देती है। उसके अपने पेट में कुछ नहीं होता। जैसी फूँक मारी गई और उँगलियाँ चलाई गईं, वह मधुर संगीत संसार में फेंक देती है। इसी प्रकार हम सब परमात्मा के अधरों की बंसी बन जाएँ। स्वर हमारा होगा, क्रिया उसकी होगी। यही आत्म-अनुशासन का एक स्वरूप है। इस अनुभूति में हम दृढ भी होंगे और निश्चल भी।

□

वैराग्य के साथ त्याग भी आता है

भौतिक चीजों के असली-नकली होने के मापदंड स्थूल होते हैं। थोड़ी अक्ल हो तो हम पहचान सकते हैं कि कौन सी चीज सही है और कौन सी गलत। लेकिन जब जीवन के गुणों और दुर्गुणों की बात आती है और उसमें असली-नकली की पहचान करनी हो तो झंझट शुरू हो जाती है। मन गुणों और दुर्गुणों पर लेपन करने में बड़ा माहिर होता है। संसार के काम करते हुए त्याग और वैराग्य लाना कठिन हो जाता है, जबकि शांति के लिए दोनों जरूरी हैं। वैराग्य का सामान्यतया अर्थ गलत लगा लिया जाता है। त्याग आदमी तभी कर सकता है, जब उसके भीतर वैराग्य जागा हो। वरना त्याग भी एक तरह का शोषण बन जाएगा, सौदा बन जाएगा। वैराग्य का यह अर्थ नहीं होता कि चीजों को छोड़ दें। बल्कि इसका सही अर्थ यह होगा कि उन्हीं चीजों का सदुपयोग दूसरों के हित में होता रहे। जितना हम दूसरों को सही लाभ पहुँचा सकेंगे, उतना ही हमारे वैराग्य और त्याग का मतलब सही होगा। इसलिए कहते हैं, अपने भीतर थोड़ी वैराग्य की वृत्ति होना जरूरी है। जब-जब आप भीतर से अशांत हों, थोड़ा अपने वैरागी लेवल को चैक करिए। बिना वैराग्य जागे हम अपने भीतर का जो भी रूपांतरण करना चाहेंगे, वह नकली होगा। इसलिए नकली सद्‌गुण हमें सरल मालूम पड़ते हैं। असली सद्‌गुण अपनाने के लिए साहस की जरूरत होती है। जब तक भीतर वैराग्य नहीं होता, साहस नहीं जागेगा। वैराग्य का अर्थ ही यह है—छोड़ने की शक्ति। पकड़ने की चाह भय पैदा करती है और छोड़ने की इच्छा ताकत देती है। यदि वैराग्य भीतर है तो अहंकार छोड़ने का साहस आसान होगा। यह आध्यात्मिक समीकरण हम अपने हर सद्‌गुण और दुर्गुण के साथ लगा सकते हैं।

□

सबसे बड़ा बल : आत्मबल

हर तरह से बलशाली बनने के इस समय में बाहुबल, धनबल, जनबल इन्हें भौतिक तौर-तरीकों से पाया जा सकता है। यह कोई बहुत कठिन काम नहीं होता। यह सब तो रावण के पास भी था, क्योंकि उसने अर्जित किया था। लेकिन आत्मबल की कमी उसमें भी थी और आज भी कई लोगों में रहती है। लगातार प्रयास करते रहिए कि बाहर से सब तरह से सक्षम होने के साथ हम आत्मबली भी हों। इसकी शुरुआत आत्मज्ञान से होती है। आत्मज्ञान का अर्थ है—स्वयं को जानना। अपने को जानने की पहली सीढ़ी है—हम भीतर से क्या हैं? या यों कहें, हमारे भीतर हमारे अलावा और कौन रहता है? जैसे ही इस सवाल के जवाब में हम थोड़ा गहरे उतरेंगे, तभी हमें अनुभूति होगी कि हमारे भीतर परमात्मा रहता है और जितने उसके निकट जाएँगे, उतना ही हम यह अधिक महसूस करेंगे कि हम ही परमात्मा हैं। हमारे भीतर रहकर ईश्वर ने हमें अपने जैसा बनाया है, लेकिन संभावना छोड़ दी है कि हम पहचानें या न पहचानें। हम भगवान् की शानदार कृति हैं और वे हमारे भीतर बसे ही हैं। इस अनुभव को बढ़ाने के लिए एक प्रयोग करें। जब भी हम कोई काम करें, इस बात का दबाव स्वयं पर बनाएँ कि हमारा हर कृत्य हमारी भगवत्ता को जरूर स्पर्श करे। यदि हम कुछ गलत कर रहे हैं तो हमारी भगवत्ता उससे अछूती नहीं है। फिर विचार करें परमात्मा अनुचित नहीं करता। चूँकि हम उससे कट गए हैं, इसलिए जीवन में गलत शुरू हो गया है। जैसे ही हम भीतर उससे जुड़ेंगे, अनुचित अपने आप उचित में बदलने लगेगा। भीतर भगवान् से जुड़ना ही आत्मबल है। कोई है, जो हमसे सीधे-सीधे जुड़ा है। भीतर से उनका साथ होना बाहर हमारे व्यक्तित्व को ओज और तेजमय बना देगा। भीतर उतरने की शुरुआत करने के लिए सरल उपाय है जरा मुसकराइ! □

सुख बेचैन करता है

दुनिया भर में उन्नति का बड़ा शोर है। निजी, परिवार, समाज और राष्ट्र की उन्नति के लिए बड़े-बड़े अभियान चल रहे हैं। हमें इन सभी क्षेत्रों में अपना योगदान देना चाहिए। लेकिन इसी के साथ लगातार आत्म-उन्नति के लिए अत्यधिक सजग और सक्रिय होना पड़ेगा। इसके लिए स्वाध्याय जरूरी है, यानी स्वयं का अध्ययन। यह दो तरीके से हो सकता है। पहला, हम खुद इस काम को करें, अपने को देखते रहें। दूसरा, हमारे पास कुछ ऐसे लोग होने चाहिए, जो कोच की तरह दूर से हमें देखकर समझाते रहें। ये माता-पिता, जीवनसाथी, मित्र, गुरु के रूप में भी हो सकते हैं। मानसिक उन्नति में इन लोगों का योगदान इसलिए अधिक होता है कि ये हमारे अंतर तल को स्पर्श कर सकते हैं। जो लोग मानसिक रूप से उन्नत और स्वस्थ होते हैं, उनके लिए जीवन में सुख और दुःख के अर्थ बदल जाते हैं। शांति और सुख दो अलग-अलग बातें हैं। शांति का मतलब सुख बिल्कुल नहीं लगाना चाहिए। सुख अपने आप में एक झंझट हो सकता है। सुख कई तरह की उठापटक भी जीवन में लेकर आता है। दुःख तो परेशान करता ही है। सुख और दुःख दोनों की अपनी प्रचंडता होती है। दोनों भीषण, विकट और विकराल रूप ले लेते हैं। लिहाजा संतोष दोनों में ही गायब हो जाता है। सुख के उत्पात दुःख के उपद्रव से कम नहीं होते हैं। तनाव दोनों में है, शक्ल बदल जाती है। सुख भी बेचैन करता है और दुःख भी व्यग्रता में डाल देता है। दुःख में यदि संघर्ष है तो सुख की खींचातानी भी कम नहीं है। कुल मिलाकर दोनों ही विश्राम रहित हैं। दोनों में ही थकावट है। यदि इन दोनों स्थितियों में निढाल होने से बचना चाहें तो शांति ढूँढ़नी पड़ेगी और शांति उन्हें ही मिलेगी, जो मानसिक रूप से अपने आप को उन्नत कर लेंगे। □

श्रम के साथ ईमानदारी भी जरूरी

लगन के साथ श्रम और श्रम के साथ ईमानदारी का संयोग होना जरूरी है। केवल लगन अधूरे और घातक परिणाम देगी। गलत काम करनेवालों के भीतर भी लगन होती है। चोर भी अपना काम पूरी लगन से करता है। चोरी दिखती तो है श्रम के साथ, पर है घोर आलस्य का काम। जो लोग परिश्रम और ईमानदारी से संपत्ति अर्जित नहीं करना चाहते, वे गलत काम करके इसे पूरा करते हैं। यह आलस्य और अपराध ही है। लगन, श्रम और ईमानदारी का मेल सही बैठ जाए तो शांति मिलना आसान है। ऐसे लोग सफल हों या असफल, शांत जरूर रहेंगे। वैसे बारीकी से देखें तो पाएँगे, शांति हमारा मूल स्वभाव है। हम खुद ही अपनी इच्छाओं, मनोरथों के उपद्रव खड़े कर इससे दूर होते जाते हैं। जिनके कारण हमारे भीतर व्यग्रता, उदासी, बेचैनी आती है, उन कृत्यों को पहचानकर, चिह्नित कर जीवन से फेंकना पड़ेगा। इसे ध्यान रखा जाए कि शांति को अलग से प्राप्त नहीं करना है, वह तो पहले से, जन्म से ही हमारे अस्तित्व में है। मनुष्य की मूल चेतना शांति ही है, बस व्यर्थ हटा देना है। कुछ लोग शांति पाना भी अपनी महत्त्वाकांक्षा बना लेते हैं। ऐसे लोगों के लिए योग, प्राणायाम, ध्यान भी फैशन या हथियार बन जाते हैं। वे शांति को भी ऐसे खोजते हैं, जैसे धन और पद को ढूँढ़ा जाता है। शांति पाने के लिए भी लोग तनाव ले लेते हैं। इसलिए लगन, श्रम और ईमानदारी को ठीक से पाएँ, इन तीनों के आते ही अन्य अकारण चीजें खुद-ब-खुद गिर जाएँगी और आप पाएँगे कि आप अपनी मूल स्थिति शांति पर होंगे आसानी से। इस परिणाम के लिए एक काम और किया जा सकता है, जरा मुसकराइए।

□

बीज वृक्ष से बड़ा नहीं हो सकता

कोई भी वृक्ष कभी अपने बीज से बड़ा नहीं हो सकता। माता-पिता हमारे बीज हैं, वे हमारी जड़ हैं। इसलिए जो जड़ से जुड़ा रहेगा, वह सूखेगा नहीं। जो अपनी जड़ से कट गए, फिर उन पेड़ों के पत्ते, फूल, डालियाँ सूख गईं। माता-पिता में समूचे समाज की वृद्धावस्था विराजित है। समाज और राष्ट्र में बड़े-बूढ़ों का मान सबके सुखद भविष्य के लिए आवश्यक है। तुलसीदासजी द्वारा रचित रामचरितमानस के पंचम सोपान सुंदरकांड की पहली चौपाई का पहला शब्द जामवंत है। जामवंत श्रीराम की सेना के सबसे वरिष्ठ और वृद्ध व्यक्ति थे। सुंदरकांड की पहली पंक्ति अपने प्रथम शब्द के साथ समाज की वृद्धावस्था को समर्पित है—जामवंत के बचन सुहाए। सुनि हनुमंत हृदय अति भाए। जांबवान् के सुंदर वचन हनुमानजी के हृदय को बहुत ही भाए। सुंदरकांड हनुमानजी की सफलता की यात्रा है। हनुमानजी ने अपने लंका अभियान के आरंभ में समाज के वृद्ध जामवंत को प्रणाम किया और फिर चले थे। हनुमानजी संदेश दे रहे हैं कि जीवन में जब भी कोई कार्य करने जाएँ, समाज के बड़े-बूढ़ों को प्रणाम करें, माता-पिता को मान दें। इनके अनुभव और आशीर्वाद हमारे अभियान को सफल करेंगे। आगे की पंक्ति में लिखा गया है—यह कहि नाइ सबन्हि कहुँ माथा। चलेउ हरषि हियँ धरि रघुनाथा। मुझे बहुत ही हर्ष हो रहा है यह कहकर और सबको मस्तक नवाकर तथा हृदय में श्रीरघुनाथजी को धारण करके हनुमानजी हर्षित होकर चले। हनुमानजी ने सबको प्रणाम किया, छोटा हो या बड़ा। यह विनम्रता की क्रिया है, साथ में परमात्मा को हृदय में रखा तथा प्रसन्नचित्त होकर चले। वे समझा रहे हैं किसी भी अभियान के आरंभ में तीन बातें बनाए रखें—विनम्रता, परमात्मा का स्मरण तथा प्रसन्नता। इसलिए काम का कितना ही दबाव हो आरंभ में जरा मुसकराइए। □

चिंतन व चरित्र में समन्वय बनाएँ

यह सही है कि कर्म हम ही करते हैं, लेकिन उसके परिणाम तक आते-आते अन्य कुछ बातों का योगदान उसमें हो जाता है। इसलिए परिणाम के सौ प्रतिशत भाग को तीन भागों में बाँटा जाए। पचास प्रतिशत जिम्मेदार हम स्वयं रहेंगे। पच्चीस प्रतिशत भाग दूसरे व्यक्ति या परिस्थिति होंगे और शेष पच्चीस प्रतिशत में भाग्य और प्रारब्ध की भूमिका भी होगी। हमारे काम करने का तरीका और दृष्टिकोण परिणाम के लिए ज्यादा महत्त्वपूर्ण है। यदि हम अपने हिस्से को और अधिक प्रभावशाली बनाना चाहते हैं तो एक काम करते रहिए। हर कार्य की योजना बनाते समय चिंतन और चरित्र का समन्वय बनाए रखें। इससे भीतरी विरोधाभास समाप्त होगा तथा बाहर एक आत्मविश्वास जागता है। हमारी बॉडी लैंग्वेज बयान करने लगती है कि हम एक सुलझे हुए व्यक्ति हैं। यदि हम अपनी भूमिका वाले 50 प्रतिशत हिस्से पर ठीक से काम नहीं करेंगे तो न सिर्फ हम भ्रम में पड़ेंगे, बल्कि हठी भी हो जाएँगे। अपने निर्णय और विचार दूसरों पर थोपने की अजीब सी जिद हमारे भीतर आ जाएगी। जो हमने सोचा व कहा, वही सही है, यह दुराग्रह हमें अच्छे लोगों से दूर कर देगा। ऐसा व्यक्तित्व फिर किसी मध्य मार्ग के आधार को स्वीकार ही नहीं करता। जीवन हर बार एक अति पर टिका दिया जाता है। ऐसा व्यक्तित्व फिर घोषणा करने लगता है कि या तो कोई हमारा मित्र है और यदि मित्र नहीं है तो फिर शत्रु है। जबकि जरूरी नहीं है कि जो हमारा मित्र न हो उसे शत्रु बना लिया जाए। परंतु, फिर व्यवहार ऐसा ही होने लगता है। इसी कारण कार्य के परिणाम में हमारी भूमिका गड़बड़ा जाती है और दोष हम दूसरे व्यक्ति, परिस्थिति, भाग्य और प्रारब्ध को देने लगते हैं।

□

ध्यान से मन की शुद्धि

अपनी असफलता और सफलता को दूसरों की सफलता-असफलता से तुलना करने में बुराई नहीं है। एक स्वस्थ विश्लेषण करना अहंकार से बचने का आसान तरीका हो सकता है। पूरी ईमानदारी से और पूर्वग्रह से मुक्त होकर दूसरों की अच्छाई को देखें और समझें। फिर लगातार विचार करें कि ऐसी अच्छाई अपने भीतर है या नहीं, और यदि नहीं है तो किन प्रयासों से ये खूबियाँ हमारे भीतर उतर सकती हैं। भक्ति का एक लक्षण यह भी है कि दूसरों की अच्छाइयों को आत्मसात् करें। जो सच्चे भक्त हैं, वे इस मामले में बहुत सदाशय होते हैं। भक्ति में कथा-सत्संग का महत्त्व ही इसलिए है कि वहाँ जाकर हम अच्छाइयों को स्वीकार करते हैं और ग्रहण भी। कथा के लिए कहा जाता है, वहाँ जाकर सुनते हुए दो बातें होनी चाहिए—देह की विस्मृति और दोष का भान। इन दोनों के बिना हम अच्छे विचार, आचरण अपने भीतर उतार ही नहीं पाएँगे। ध्यान दीजिए, हम स्वस्थ तब ही होते हैं, जब हम शरीर को भूले हुए रहते हैं। सिर दुखा, पैरों में तकलीफ हुई तो शरीर याद आया। जितना शरीर अधिक याद होगा, उतने हम अधिक बीमार होंगे। शरीर की विस्मृति और मन का अभाव हमें आत्मा की अनुभूति कराता है। यहीं से हम थोड़े हल्के होंगे, हमारी ग्राह्यता बढ़ेगी, अच्छी बातें स्वीकार करने में, शरीर और मन जो बाधा पहुँचाते हैं, बल्कि दीवार बनकर खड़े हो जाते हैं, वह दूर होगी। इसके लिए नियमित प्राणायाम-ध्यान बड़े काम के हैं। जिसके पास जितना समय हो, उस हिसाब से योग करें, लेकिन करें जरूर। देह की शुद्धि स्नान से, धन की शुद्धि दान से और मन की शुद्धि ध्यान से हो ही जाती है।

□

विचारशून्य होना ही है ध्यान

अनेक तरह से बलशाली लोग भी मानसिक दुर्बलता के शिकार पाए जाते हैं। हमारे संत-महात्माओं ने तो मानसिक बल पर खूब जोर दिया है और काम भी किया है। जब भी जीवन में निराशा आए, अपने पुराने सड़े-गले विचारों को त्यागें। विचार भी लगातार बने रहने से बासी हो जाते हैं, इन्हें भी माँजना पड़ता है, इनकी भी साफ-सफाई करनी पड़ती है। कुछ समय स्वयं को विचारशून्य रखना भी विचारों की साफ-सफाई है। यह शून्यता गलत विचारों को गलाती है और इसके बाद आनेवाले विचार दिव्य और स्पष्ट होंगे। विचारशून्य होने की स्थिति का नाम ध्यान, मेडिटेशन है। कुछ समय अपने ऊपर अपने ही द्वारा अपने ही विचारों के आक्रमण को रोकिए। कुछ लोग काफी समय ध्यान की विधि ढूँढ़ने में लगा देते हैं। कौन सी विधि से ध्यान करें, इसमें ही उनके जीवन का बड़ा हिस्सा खर्च हो जाता है। ध्यान के पहले इतना अधिक विचार किया जाता है कि आदमी विचारों में ही उलझ जाता है। थोड़ा समझें ध्यान की अपनी कोई विधि नहीं होती, ध्यान में जो बाधाएँ आती हैं, उन बाधाओं को हटाने-मिटाने की विधियाँ जरूर होती हैं। ध्यान तो एक अवेयरनैस है। एक ऐसा होश, जो अपनी शून्यता से विचारों को धो देता है। ताजे और प्रगतिशील विचार रोम-रोम में समाते हैं और उनके नियमित उपयोग की कला भी आ जाती है। जो विधि जिसको जम जाए, वह ठीक है, लेकिन हर विधि एक रास्ता है बस बाधा को हटाने के लिए, उसे ही ध्यान मानकर पकड़ना गलत होगा। मानसिक दुर्बलता से मुक्ति पाने के लिए कोई-न-कोई ऐसा मार्ग पकड़ लें, जो आपको ठीक लगे, ध्यान का स्वाद स्वयं आ जाएगा।

□

भगवान् को साझीदार बनाइए

हमारे कर्मकांड में प्रार्थना एक महत्त्वपूर्ण पक्ष है। बहुत बारीकी से देखें तो प्रार्थना कर्मकांड है भी और नहीं भी। या यों कहें कि इसकी शुरुआत कर्मकांड से होती है और समापन भक्ति पर जाकर होता है। जब हम अपने व्यावसायिक जीवन को अध्यात्म से जोड़ना चाहें तो प्रार्थना एक सेतु का काम करेगी। परमात्मा से जुड़े रहने के लिए प्रार्थना का सहारा लेना चाहिए। जीवन में कोई भी काम करें, भगवान् की हिस्सेदारी, साझेदारी बनाए रखिएगा। गायत्री परिवार के युगपुरुष पं. श्रीराम शर्मा ने एक सुंदर शब्द दिया है—ईश्वरीय साझेदारी। वे कहा करते थे, परमात्मा यदि हमारे जीवन-व्यापार में घुल जाए तो लोहे का सा काला कुरूप जीवन पारस स्पर्श से बने स्वर्ण की तरह साकार हो जाएगा। हर मनुष्य में कुछ अपूर्णता, कमियाँ या कहें अधूरापन रहता है। परमात्मा की साझेदारी से यह दूर होगा। इसका सीधा सा अर्थ है—जीवन के हर निर्णय में भगवान् की उपस्थिति। उसकी मौजूदगी हर खालीपन के लिए एक भराव बन जाएगी। पूरा जीवन अपने आप में एक व्यवसाय है, उद्योग है। जैसे ही भगवान् को पार्टनर बना लेते हैं, हमारे नफे-नुकसान, सफलता-असफलता में भी वे साझेदार होंगे और इनके अर्थ बदल जाएँगे। हमारे भीतर का अज्ञान, अशक्ति और अभाव, ये तीनों संकट इस साझेदारी से दूर होंगे। यह हिस्सेदारी बनी रहे, इसके लिए लगातार प्रार्थना जरूर करिए। शुरुआत में लगेगा कि हम प्रार्थना कर रहे हैं, पर धीरे-धीरे इस करने को समाप्त कर दीजिए और होने दीजिए। प्रार्थना करना और प्रार्थना होना दोनों में फर्क है। जैसे साँस ली नहीं जाती, वह अपने आप आती है और बाहर जाती है। उसी तरह प्रार्थना को बनाए रखें। परमात्मा को याद करके जिन क्षणों में आँखों में आँसू आ जाएँ, समझ लें, प्रार्थना हो रही है और परमात्मा मौजूद है जीवन में अपनी साझेदारी के साथ। □

अच्छी योजना ही सुखद परिणाम देती है

योजना जितनी स्पष्ट, पूर्व नियोजित होगी, परिणाम उतने ही सफलता लिये रहेंगे। आइए, किसी कार्य से पूर्व प्लानिंग कैसे की जाए, यह हनुमानजी से सीख लें। सुंदरकांड में जब वे सीताजी की खोज के लिए लंका की ओर उड़ने की तैयारी कर रहे थे, तब तुलसीदासजी ने लिखा—सिंधु तीर एक भूधर सुंदर। कौतुक कूदि चढ़ेउ ता ऊपर॥ बार बार रघुबीर सँभारी। तरकेउ पवनतनय बल भारी॥ समुद्र के तीर पर एक सुंदर पर्वत था। हनुमानजी खेल-खेल में ही कूदकर उसपर जा चढ़े और बार-बार श्री रघुवीर का स्मरण करके हनुमानजी उसपर से बड़े वेग से उछले। यहाँ एक शब्द आया है—कौतुक यानी खेल-खेल। हनुमानजी जा तो रहे थे युद्धभूमि में, लेकिन वृत्ति थी—खेल की। हनुमानजी कहते हैं, जिंदगी को खेल की तरह लिया जाए। खेल में भी एक हारेगा, दूसरा जीतेगा। लेकिन खेल में प्रतिस्पर्धा होती है हिंसा नहीं होती, वैमनस्य नहीं होता। हारनेवाला खिलाड़ी जानता है, एक दिन फिर जीतने का मौका मिलेगा। पर्वत पर चढ़ने का अर्थ है—अपना आधार दृढ रखा। जिन्हें जीवन में लंबी छलाँग लगानी हो, उन्हें अपना बेस मजबूत रखना चाहिए। इसका सीधा सा अर्थ है—योजना व्यवस्थित रखी जाए, उसके बाद काम किया जाए। दृढ आधार का एक और अर्थ है—जिंदगी की इमारत की नींव बचपन होती है, जिसका बचपन दृढ है, सुलझा हुआ है, उसकी जवानी फिर नहीं लड़खड़ाएगी। आगे शब्द लिखा है—बार-बार। हनुमानजी ने श्रीरामजी को बार-बार याद किया। अपने हर अभियान में परमात्मा को निरंतर याद रखिएगा। भक्त का जीवन साँप-सीढ़ी के खेल की तरह होता है। कभी शीर्ष पर तो कभी साँप के मुँह में अटककर वापस पूँछ पर आना पड़ता है। भक्ति करते हुए कभी बहुत अच्छा लगता है तो दुर्गुण के थपेड़ों से अचानक पतन भी हो जाता है। इसलिए हनुमानजी सिखाते हैं कि परमात्मा से जुड़ाव की निरंतरता बनाए रखें। □

अच्छी बातें जहाँ भी मिलें, अपनाएँ

अच्छी बातें जहाँ कहीं भी मिलें, स्वीकार करके अपने भीतर उतारनी चाहिए, लेकिन इसी समय यह भी ध्यान रखना चाहिए कि अच्छाई और शांति हमारे भीतर से फिर बाहर निकलें और समूचे समाज में फैलें। यह जब दो तरफा होगा, तभी इसके परिणाम सही मिलेंगे। स्वामी अवधेशानंद गिरिजी एक जगह कहते हैं—प्रत्येक व्यक्ति इस तरह का जीवन जी रहा है कि उसकी जिंदगी कई हिस्सों में बँट जाती है—भौतिक शरीर, मन, बुद्धि। और इन सबके अलावा एक आध्यात्मिक पक्ष है—भगवान्। इन स्तरों पर हम अपने आपको बिखरा हुआ महसूस करते हैं, जबकि इनमें तालमेल होना चाहिए, एक रिदम होना चाहिए, एक भरोसा होना चाहिए। हम सही तरीके से पूरे व्यक्तित्व के रूप में संगठित नहीं हो पाते। इसका एक कारण यह है कि हम लोग अपने आध्यात्मिक पक्ष से ठीक से परिचित नहीं हो पाते। यदि अपने व्यक्तित्व को संपूर्ण बनाना है तो अपने आध्यात्मिक पक्ष को विकसित भी करना पड़ेगा और उससे परिचित भी होना होगा। इसमें एक बाधा है—अहंकार। अहंकार हमें तोड़ता है, जोड़ता नहीं। लेकिन अहंकार का भाव आसानी से जाता भी नहीं है। आप इसे जितना मिटाने की कोशिश करेंगे, यह उतना ही नई-नई शक्लों में सामने आ जाता है। और कुछ नहीं तो विनम्रता के रूप में ही आ जाएगा। अहंकार को मिटाने से अच्छा है, उसे समझा जाए। बिना इसे समझे यह मिटेगा नहीं, बल्कि समझ आई और यह गया। अहंकार के अंधकार को हटाने के लिए समझ एक दीये का काम करेगा। अहंकार हटा और हमें अपने भीतर उतरने में सुविधा हुई। भीतर उतरते ही हमारा सबसे पहला जुड़ाव परमात्मा से होगा। प्रभु में प्रेम है, प्रकाश है, शांति है, आनंद है और चेतन है। यही सब हमारे भीतर आएगा और हमारे व्यक्तित्व के टूटे हुए हिस्से फिर जुड़ जाएँगे। □

स्वर्ग-नरक बनाना अपने हाथ है

सभी चाहते हैं कि स्वर्ग मिल जाए या स्वर्ग जैसी स्थितियों का समावेश जिंदगी में हो जाए। दार्शनिकों ने कहा है, हमारा होना ही स्वर्ग है। जिस ढंग का जीवन हम जीते हैं, उसी ढंग से स्वर्ग और नरक अपने आसपास निर्मित कर लेते हैं। एक संत हुए हैं—सुंदरदासजी। ये प्रसिद्ध संत दादूजी के शिष्य थे और खंडेलवाल वैश्य समाज में राजस्थान के दोसा में पैदा हुए थे। इन्होंने बड़ी अद्‌भुत पंक्तियाँ लिखी हैं। एक जगह इन्होंने लिखा है—सुंदर सतुगुरु आपनैं किया अनुग्रह आइ। मोह-निसा में सोवते हमको लिया जगाइ॥ सुंदरदासजी ने गुरु के महत्त्व पर बहुत सुंदर लिखा है। जो स्वर्ग की खोज में हों, उन्हें जीवन में गुरु और संत का महत्त्व समझना चाहिए। जितनी देर हम संतों के साथ बैठेंगे, समझ लीजिए, स्वर्ग के निकट हैं या स्वर्ग में ही बैठे हैं। संत तीन बातें करते हैं और इसीलिए उनके तीन रूप माने गए हैं—पहला तो वे सूरज हैं, जो सोए हुए हैं, उनको जगाते हैं। दूसरा, वे पवन की भाँति हैं, सोए हुए को हिलाने के लिए हवा की भूमिका में रहते हैं और यदि आदमी तब भी न उठे तो संत पंछी की तरह होते हैं, शोर करेंगे कि अब तो उठ जाओ। सूर्य, पवन और पंछी तीनों का अपना कोई स्थायी ठिकाना नहीं होता। जो लोग विस्मरण में पड़े हैं, ये लोग उनके भीतर स्मरण कराते हैं। संत के सान्निध्य में समझ में आ जाता है कि स्वर्ग का अर्थ है—परिष्कृत, गुणग्राही, विधायक दृष्टिकोण, हर शुभ का स्वीकार। फकीर की फकीरी हमें यही समझाती है। जहाँ आप सहमत होना सीखें, वहीं स्वर्ग घटा है। इसलिए सुंदरदासजी की घोषणा है, जो उनके नाम के अनुरूप ही है कि जीवन सुंदर तब है, जब सबकुछ स्वीकार्य है और उसी के साथ शांति भी जीवन में उतर जाए। इसलिए स्वर्ग चाहते हों तो संतों का सान्निध्य बनाए रखिए।

□

गुरु अच्छा हो और सच्चा भी

पूजा-पाठ में जोर-जबरदस्ती न की जाए। हमारा स्वभाव सहज प्रभाव के साथ पूजा में बहना चाहिए। इस भाव को समझने के लिए जीवन में गुरु की जरूरत पड़ जाती है। लोग गुरु भी अपनी सुविधा से चुनते हैं। जो हमारी मानसिकता की दृष्टि से सुविधाजनक लगे, हम उसको गुरु बना लेते हैं। जैन मुनि प्रज्ञासागरजी कहते हैं—गुरु स्वार्थसिद्धि के लिए नहीं, परमार्थ सिद्धि के लिए होना चाहिए। गुरु भोग लिप्सा के लिए नहीं, योग शिक्षा के लिए बनाया जाता है। जो परमार्थ के लिए दीक्षा और योग की शिक्षा देता है, वही सच्चा गुरु होता है। सच्चा होना एक बात है और अच्छा होना दूसरी बात है। हर सच्चा गुरु अच्छा होगा ही, लेकिन अच्छा गुरु सच्चा हो यह कोई जरूरी नहीं है। गुरु का चुनाव अच्छाई के नहीं, सच्चाई के आधार पर करना और एक बार जिसे गुरु के रूप में स्वीकार कर लो, उसे जीवन भर निभाना। पहले परीक्षण बाद में समर्पण। क्योंकि समर्पण के बाद परीक्षा नहीं होती। अतः पहले ही परीक्षा कर लो, वह भी गुणों के आधार पर। इसलिए गुरु के गुणों का सर्वप्रथम आपको ज्ञान होना चाहिए। उनकी सादगी, सरलता अथवा गंभीरता को गुण मान लें या उनकी प्रखर प्रवचन शैली, वाक्पटुता या मधुर व्यवहार को गुण मानें। परंतु यह सभी बातें गुरु के पर्याप्त गुण नहीं हैं। ये गुण तो सामान्य सा गृहस्थ जीवन जीनेवाले लोगों में भी पाए जाते हैं, पर सच्चे गुरु और गृहस्थ में यह फर्क है कि गुरु संन्यासी, मुनि के रूप में यह समझा लेता है कि सबकुछ परमात्मा के भरोसे छोड़ दो। वह ईश्वर जैसे जिआएगा, वैसे जिएँगे, जैसा वह करवाएगा, वैसा ही करेंगे। हमारे जीवन का पूर्ण निर्णायक वह परमशक्ति है। यह ऋषिभाव गुरु अपने शिष्यों में प्रवेश करा देते हैं। इसलिए गुरु जीवन में आवश्यक हो जाता है।

□

जीवन एक खेल है, युद्ध नहीं

हम जो भी काम करें, उसके पीछे क्या है, इस बात का सदैव मूल्यांकन जरूर करें। हमारे काम के पीछे शरीर कितना है, बुद्धि कितनी है और हृदय कितना है। इन तीनों का आकलन जितना सही होगा, उतना ही किए हुए का आनंद हम अधिक उठा पाएँगे। आर्ट ऑफ लिविंग के केंद्रीय पुरुष श्री श्री रविशंकर कहते हैं, कार्य के परिणाम को लेकर यदि हम ज्वरग्रस्त हैं, यानी परिणाम हर हाल में हमारे पक्ष में आए, इसकी बीमारी पाले हुए हैं तो स्वस्थ होने के लिए कुछ इस प्रकार करिए। पहला काम तो अपने भीतर भरोसा और आत्मविश्वास जगाएँ कि जो भी परिणाम होगा, वह कल्याणकारी होगा। अच्छा या बुरा होगा, इसे भूल जाएँ। यह भाव आते ही हम कर्म-बंधन और उपलब्धियों की आकांक्षा से थोड़ा मुक्त हो जाएँगे। परिणाम के प्रति कुछ लोग बीमार जैसे हो जाते हैं। खासतौर पर विद्यार्थियों का जब परीक्षाफल आने को होता है तो वे किसी भी हद तक उसके लिए जा सकते हैं। कुछ तो भय में आत्महत्या कर बैठते हैं। परिणाम के प्रति अत्यधिक चिंताग्रस्त, भयग्रस्त होने से बचने के लिए कुछ और काम किए जा सकते हैं। जैसे कहीं और व्यस्त हो जाएँ, संगीत सुनें, कुछ न हो तो सो जाएँ। स्नान करना भी इस तरह की बीमारी से मुक्त होने का तरीका है। जब परिणाम के प्रति भय सताए तो एक आदत बना लें, जब भी जो काम कर रहे हों, पूरी तरह उसमें डूब जाएँ। इसका फायदा यह होगा हमारी सृजन शक्ति बढ़ेगी और परिणाम को लेकर स्मरणशक्ति घटेगी। जीवन को खेल की तरह लें, युद्ध की तरह नहीं। महसूस करिए, जिंदगी में कुछ चीजें होती ही हैं और होकर रहती हैं। आपका वश एक सीमा तक ही चलेगा। ऐसे समय अपनी क्रिया को शरीर, बुद्धि और हृदय के संतुलन के साथ करें।

□

जीवन में सत्संग का आनंद लें

अधिकांश मौकों पर हम अपने व्यक्तित्व को दूसरों से संचालित करते हैं। होना यह चाहिए कि हमें अपने व्यक्तित्व पर श्रद्धा रखना होगी। कोई भी काम करें, इस बात पर अधिक ध्यान न दें कि लोग हमारे बारे में क्या सोच रहे होंगे। दूसरों की टिप्पणियों से जब हम संचालित होने लगते हैं तो एक बड़ा नुकसान यह भी होता है कि हमारा आत्मविश्वास डगमगाने लगता है। हम अपने व्यक्तित्व पर जितनी अधिक श्रद्धा रखेंगे, हमारे भीतर एक नई योग्यता का जन्म होगा और वह है अच्छी और बुरी दोनों परिस्थितियों में जीने का निर्णय हम स्वयं लेने लगेंगे। जिंदगी को बगिया और जंगल दोनों की तरह जीना पड़ता है। बगीचे के पेड़-पौधे व्यवस्थित रूप से तैयार किए जाते हैं। माली उनकी बराबर देखभाल करता है। बगीचे में सबकुछ सुरक्षित होता है। वहाँ सजावट होती है, वहाँ के खिले हुए सुंदर फूल न सिर्फ आकर्षित करते हैं, बल्कि मन को मोह लेते हैं। हमारा जीवन इस तरह के बगीचे की तरह ही होता है, लेकिन जीवन का एक पक्ष जंगल के माफिक भी होना चाहिए। प्रकृति का यह रूप वन में भी देखने को मिलेगा। लेकिन वहाँ एक स्वाभाविकता होती है, जंगल का रूप अनघड़ और अछूता होता है। किसी मालिक या माली ने उसपर अपना नियंत्रण नहीं किया होता है। वहाँ संघर्ष है, पर सौंदर्य भी है। हमारा व्यक्तित्व जब जंगल की भाँति होता है तो उसकी अभिव्यक्ति बिल्कुल अलग रहती है। इसलिए पुराने समय में वनवास का भी एक महत्त्व था। जीवन को वन और बाग दोनों से गुजारना चाहिए। सुविधा और संघर्ष दोनों अपनी-अपनी सीख देकर जाते हैं। जितना हम अपने व्यक्तित्व पर श्रद्धावान होंगे, उतना हम इन परिस्थितियों ने परिचित हो जाएँगे। अपने व्यक्तित्व पर लौटने के लिए सत्संग एक सरल माध्यम है। जीवन में सत्संग के अवसर बनाए रखिए। □

विश्राम को आलस्य में न बदलें

अत्यधिक सक्रियता के इस युग में विश्राम का अपना महत्त्व है। लेकिन यदि ठीक से न समझा जाए तो विश्राम आलस्य में बदल जाता है और आलस्य अपराध है। सुंदरकांड में हनुमानजी जब लंका की ओर उड़ चले तो मार्ग में उन्हें पहली बाधा मैनाक पर्वत के रूप में आई थी। बीच समुद्र का यह सोने का पर्वत प्रकट हुआ और उसने हनुमानजी से कहा—आप थक गए होंगे, मेरे ऊपर विश्राम कर लीजिए। उस समय हनुमानजी ने उस पर्वत को उत्तर दिया—हनूमान तेहि परसा कर पुनि कीन्ह प्रनाम। राम काजु कीन्हें बिनु मोहि कहाँ बिश्राम॥ हनुमानजी ने उसे हाथ से छू दिया, फिर प्रणाम करके कहा—भाई! श्रीरामचंद्रजी का काम किए बिना मुझे विश्राम कहाँ? हनुमानजी चाहते तो उसे हाथ से न छूकर उसकी ओर देखते भी नहीं, लेकिन एक बड़ी सीख हनुमानजी हमें यह दे रहे हैं कि मैनाक पर्वत का अर्थ है—सुख-सुविधा, भोग-विलास। जब आप अपने कर्म की यात्रा पर निकलते हैं तो पहली बाधा यही आती है। हनुमानजी ने उसको स्पर्श किया, धन्यवाद दिया और कहा —मैं आपके ऊपर विश्राम नहीं कर सकता, क्योंकि मुझे मेरा लक्ष्य याद है और वह है रामकाज। मन का स्वभाव होता है उसे जिस बात पर रोको, उसी पर अधिक टिकता है। हनुमानजी ने मैनाक को स्पर्श किया और हमें बताया है कि सुख-सुविधाओं का जीवन में उपयोग करना चाहिए, लेकिन उन्हीं पर टिक जाएँ, यह ठीक नहीं होगा। आज के समय में कार, बँगला, लैपटॉप, मोबाइल, आभूषण, वस्त्र आदि मैनाक पर्वत हैं। इनका सीमित उपयोग करें, लेकिन अपने लक्ष्य को न भूलें। ये जीवन के पड़ाव हैं, मंजिल नहीं। लोग पड़ाव को ही मंजिल मानकर वहीं रुक जाते हैं। हनुमानजी सिखाते हैं, जीवन में अनुपयोगी कुछ नहीं है, उपयोग का तरीका आना चाहिए और अपने लक्ष्य पर आगे बढ़ते रहना चाहिए। □

फकीरी एक आचरण है, आवरण नहीं

संसार-चक्र तेजी से घूमता है और इस बदलाव को हमें समझते हुए अपनी मानसिक स्थिति से जोड़े रखना चाहिए। आज जो हमारी प्रतिष्ठा है, लाभ की स्थिति है, धन की स्थिति है, जरूरी नहीं कि वह कल भी रह जाए। सबकुछ ऊँचा-नीचा होता रहता है। कब स्थिति बदल जाए पता नहीं रहता। बुरी अच्छे में बदल सकती है और अच्छी स्थिति बुरे वक्त में तब्दील हो जाती है। जब बदलाव आता है और वह यदि अनुकूल हो तो अहंकार पैदा हो सकता है और यदि वह प्रतिकूल हो तो अवसाद का जन्म हो जाता है। इसलिए अपने मस्तिष्क को बदलाव से तालमेल बनाने के लिए तैयार रखें। दो चीजें बड़े काम आएँगी—एक तो हमारी मानसिकता विपरीत परिस्थिति में हल निकालने वाली हो और दूसरी तालमेल बैठानेवाली रहे। जो लोग हल और तालमेल को सही रूप से इस्तेमाल करेंगे, वे कम परेशान होंगे। हमारे भीतर की फकीरी को इन दोनों स्थितियों से जोड़े रखने पर हम कभी भी निराश नहीं होंगे। फकीरी एक आचरण होता है, आवरण नहीं होता। जिनके पास बहुत अधिक धन होता है, जो इसका पर्याप्त भोग कर चुके होते हैं, जिन्होंने वैभव को खूब जिया होता है, ऐसे लोग भी फकीर बनते देखे गए। गौतम बुद्ध के साथ यही हुआ था। उन्होंने जीवन के एक पक्ष को वैभव के साथ देखा था और उसके बाद त्याग के चरम को छुआ। कबीर के साथ उल्टा था। उन्होंने कभी वैभव नहीं देखा, पर वैसी ही फकीरी अभाव में घट गई। जिसको जीवन में सब मिल जाता है, उसकी तृप्ति भी उसे वैराग्य की ओर ले जाती है। इसलिए जब वक्त बदले, हमारे पास सबकुछ हो तो भी वैराग्य की संभावनाओं को बचाए रखें और जब कुछ भी न हो, तब भी फकीरी को घटाने की तैयारी रखें। संतोष भरा यह संतुलन परिस्थितियों में जीवन के अर्थ बदल देगा। □

कर्म में निरंतरता जरूरी है

कार्य का विचार से बड़ा गहरा संबंध है। जो हम सोच रहे हैं और जो हम कर रहे हैं, इनकी गति यदि आगे-पीछे हो जाए तो परिणाम पर फर्क पड़ेगा। श्रम और शक्ति दोनों बेकार होने लगती है। इसलिए विचार और कार्य संतुलित रखें। एक समय में एक काम हाथ में लें, पूरी तीव्रता से विचार उसमें जुड़े रहें। जो लोग ऐसा नहीं करते हैं, वे धीरे-धीरे एक ही वक्त में कई काम हाथ में लेने के आदी हो जाते हैं और इसी चक्कर में कुछ काम आधे रह जाते हैं और जो पूरे होते हैं, वे भी सही मायने में पूरे नहीं होते। उलझनें काम के परिणाम को परिष्कृत नहीं होने देती। एक प्रयोग लगातार करते रहें, किसी भी अभियान से जुड़ें, अपने वंश और संस्कारों को न भूलें। अपने काम में इन दोनों का भरपूर उपयोग करें। जितना आप संस्कार से जुड़ेंगे, उतने उच्च भाव हमारे भीतर आएँगे। अच्छे विचार कर्म को हल्का करते हैं, उससे हमारा जुड़ाव सही बना देते हैं। विचारों की स्पष्टता का एक अच्छा उदाहरण कबीरदासजी हैं। उन्हें जब-जब भी आप पढ़ें ऐसा लगता है, ये कौन सी उल्टी बात लिख दी, लेकिन गहराई में जाएँ तो उससे सीधी बात कोई नजर नहीं आएगी। जिंदगी में भी कई स्थितियाँ ऊपर से ऐसी ही दिखती हैं और यदि हम अपनी समझ को सतही रखेंगे तो असली अर्थ पकड़ नहीं पाएँगे। कबीर एक जगह लिखते हैं— एक अचंभा मैंने देखा नदिया लागी आग। अब यह बात सुनकर लगता है, यह कैसे मुमकिन है, लेकिन कबीर यह कहना चाहते हैं कि जीवन उस विरोधाभास का नाम है, जहाँ ऐसा हो जाता है, जो नहीं होना चाहिए। जब हमारे विचार इस तरह की गहरी बातों से जुड़ेंगे और फिर हम कर्म में उतरेंगे तो बहुत सारे रहस्य अपने आप सुलझ जाएँगे।

□

सहयोग लें, सहयोग दें

जीवन में कई काम दूसरों के सहयोग से ही पूरे होते हैं। मनुष्य यह सोच ले कि सबकुछ मैं ही कर लूँगा तो मुश्किल है। लेकिन जैसे ही जीवन में दूसरे का प्रवेश होता है, हलचल भी शुरू हो जाती है। आदमी की अपनी सत्ता बड़ी निरंकुश होती है। दूसरा कितना सहयोग देगा या असहयोग करेगा, इससे कभी-कभी भूचाल आ जाता है। लेकिन बिना उसके काम भी नहीं चलता। फकीरों ने एक शब्द कहा है—खुमारी। इसका अर्थ होता है—एक ऐसी स्थिति जहाँ आप होश में भी हैं और बेहोश भी, जहाँ दुःख भी है और सुख भी, आँसू भी हैं और मुसकान भी। कोशिश करें कि भावनात्मक रूप से दूसरों पर आश्रित न रहें। व्यावहारिक रूप से सहयोग लें और सहयोग दें। ऐसा बिल्कुल न सोचें कि दूसरे हमारे ही हिसाब से चलेंगे। कई लोगों को यह बीमारी लग जाती है कि जो हम सोच रहे हैं या कह रहे हैं, वैसा ही दूसरा करे। और इसी कारण हम दूसरों पर हावी होने की कोशिश करते हैं। या अपनी ऊर्जा इसमें लगाते हैं कि दूसरा हम पर हावी न हो जाएँ। इस दुनिया में आए हैं तो दूसरों के बिना रहना मुश्किल है। इसलिए थोड़ा समय ध्यान यानी मेडिटेशन करें। ध्यान से खुमारी जागती है। जब आप खुमारी का मतलब समझ जाएँगे, तब आप स्थितप्रज्ञ जैसे हो जाते हैं। लोगों से जुड़े भी रहेंगे और छिटके हुए भी रहेंगे। यदि आप भक्ति भी करेंगे तो आपके भीतर मीरा का नृत्य भी हो रहा होगा और बाहर महावीर की तरह, गौतमबुद्ध की तरह बिल्कुल शांत नजर आएँगे। आप कृष्ण की तरह छोटी उँगली पर पर्वत भी उठा लेंगे और आप राम की तरह एक-एक पत्थर को समुद्र में पत्थर फिंकवाकर सेतु बनाते नजर आएँगे। इसलिए ध्यान की खुमारी 24 घंटे में थोड़ी देर के लिए अपने भीतर जरूर उतारें।

□

क्षमता का दुरुपयोग न करें

हर पल का सदुपयोग करना समझदारी है, लेकिन हर पल में कामकाज ठूस देना मूर्खता है। इस समय तो लोग काम को नशा बना चुके हैं। कई लोग कहते हैं, हम एक क्षण भी खाली नहीं बैठ सकते। समझ लीजिए, वे अशांति के ढेर पर बैठने की तैयारी कर रहे हैं। ईश्वर ने एक क्षमता हमको ऐसी दी है, जिसको हल्का-फुल्का बनाकर जीना चाहिए, वरना क्षमता का दुरुपयोग हो जाएगा। 24 घंटे में कुछ समय निष्काम हो जाएँ, अपने आप को खाली छोड़ दें—विचारों से, कर्म से। यह खालीपन आगे के भराव के लिए काम आएगा, बल्कि हमें नियमित रहने में भी सहयोग देगा। इस खालीपन में एक रसपान करें। भारतीय संस्कृति में रस शब्द का बड़ा सुंदर उपयोग किया है। रसायन शब्द इसी से बना है। शास्त्रों में ईश्वर को 'रसो वै सः' कहा है। इसका एक अर्थ है—परमात्मा एक रस है। इसकी एक बूँद 24 घंटे में जरूर पी जाए। रसायन का अर्थ ही यह है कि इसे भीतर उतारा जाए। यह रस दो जगह मिलता है—गुरु के सान्निध्य में और कथा-सत्संग में। वहाँ और कुछ नहीं मिलता। ये दोनों स्थान प्याऊ हैं, इस रस के लिए। गरमी में प्याऊ का महत्त्व ही यह है कि वह प्यास बुझाने के काम आती है। जीवन भीतर से कई बार प्यासा हो जाता है और बाहर से हम बेचैन रहते हैं। हम समझ नहीं पाते कि यह बेचैनी किस प्यास के कारण है। इस बेचैनी को दूर करने के लिए हम बाहर के तरीके अपनाते हैं। जबकि यह प्यास भीतर बुझ सकती है और उस रस से बुझती है, जिसे दुनिया ने ईश्वर कहा है। इसलिए 24 घंटे खूब काम करें, पर कुछ पल रसपान जरूर करें। इस रस को पीते ही प्रेम की अनुभूति स्वयं होगी और हम दूसरों को भी करा सकेंगे। फिर आप कितने ही व्यस्त रहें, आपका व्यक्तित्व प्रेमपूर्ण रहेगा और दूसरों की यह शिकायत अपने आप बंद हो जाएगी कि आप वक्त नहीं देते। □

परिवार में भक्ति एकता लाती है

एक-दूसरे के साथ रहने में थोड़ा सा यदि प्रेम भरा समझौता किया जाए तो आनंद और सुगंध दोनों मिल जाते हैं। बगीचे में हर फूल अपनी महक लिये होता है। उसी प्रकार जब हम परिवार में रहते हैं तो हर सदस्य की अपनी एक खुशबू होती है। जो सुगंध आपको अच्छी लगती है, वैसे व्यक्ति के पास हम रहना पसंद करते हैं। चाहत सबकी होती है कि किसी-न-किसी का सान्निध्य बना रहे। यह संगति चाहे मन से हो या तन से, अपने तरीके से संतोष देती ही है और इसकी हैंडलिंग ठीक से न की जाए तो यह निराशा और तनाव भी देती है। परिवार में सहयोग, समझौता और सूझबूझ रिश्तों के मतलब ही बदल देती है। एक कुटुंब में न तो केवल पुरुषों से जीवन आएगा और न केवल स्त्रियों से। घर की माता, पत्नी, बहन, पुत्री, बहु, भाभी के रूप में हर औरत एक विशेष सुगंध लिये रहती है। जैसे पुरुष के पास एक सौरभ होता है, वैसे ही स्त्री के पास विशिष्ट सुगंध होती है। जैसे ही यह किसी पवित्र रिश्ते से जुड़ती है, पूरा जीवन महक उठता है। परिवारों में साथ-साथ जीने की जो इच्छा होती है, उसके पीछे ऐसी ही महक काम करती है। इसे पवित्र रखने के लिए हर घर में भक्ति का आचरण बड़ा काम आएगा। जैसे ही परिवार में भक्ति उतरती है, सबसे समानता का व्यवहार होने लगता है। बाहर की दुनिया में कहा जाता है व्यक्तिवादी दृष्टिकोण ठीक नहीं है, लेकिन घर के संसार में व्यक्तिवादी दृष्टिकोण होना चाहिए। इसका अर्थ है—प्रत्येक व्यक्ति का घर में समान विकास हो। उसके मान और ध्यान में भेदभाव न हो। न कोई विशिष्ट हो और न ही निकृष्ट। हर एक की स्वतंत्रता मान्य की जाए और उसके निजी तथा सामाजिक विकास में पूरा परिवार सहयोग करे। परिवार की सामूहिक भक्ति भावना इस जीवनशैली को प्रेरित और प्रोत्साहित करती है। इसलिए परिवार के जीवन में भक्ति बनाए रखें। □

सफलता को सौंदर्य से भी जोड़ें

संघर्ष जीवन को थकाता ही नहीं है, बल्कि सुंदर भी बनाता है। जो लोग सफलता अर्जित करना चाहते हों, वे अपनी सफलता को सौंदर्य से जरूर जोड़ें। जीवन की सुंदरता का अर्थ है—सफलता के साथ शांति। यदि आनंद नहीं है और भरपूर सफलता है तो जीवन असुंदर ही माना जाएगा। हनुमानजी की सफलता के लिए सुंदरकांड को याद किया जाता है। रामचरितमानस के इस पाँचवें सोपान को लेकर लोग चर्चा करते हैं कि इसका नाम सुंदरकांड क्यों रखा गया, जबकि मानस के अन्य कांड का नाम व्यक्ति या स्थितियों के नाम पर रखे गए हैं। बाललीला का बालकांड, अयोध्या की घटनाओं का अयोध्या कांड, जंगल के जीवन का अरण्य कांड, किष्किंधा राज्य के कारण किष्किंधा कांड, लंका के युद्ध की चर्चा लंका कांड में और जीवन के प्रश्नों का उत्तर फिलॉसफी के साथ उत्तरकांड में दिया गया है। फिर अचानक सुंदरकांड का नाम सुंदर क्यों रखा गया? दरअसल, लंका त्रिकुटाचल पर्वत पर बसी हुई थी। तीन पर्वत थे—पहला सुबैल, जहाँ के मैदान में युद्ध हुआ था। दूसरा, नील पर्वत, जहाँ राक्षसों के महल बसे हुए थे और तीसरे पर्वत का नाम है सुंदर पर्वत, जहाँ अशोक वाटिका निर्मित थी और यहीं हनुमानजी और सीताजी के मिलन की प्रमुख घटना घटी थी, इसलिए इसका नाम सुंदरकांड है। चूँकि यहाँ की घटनाओं में हनुमानजी ने एक विशेष शैली अपनाई थी। वे अपने योग्य प्रबंधक शिष्यों को योगी प्रबंधक बनाते हैं, जिसकी आज जरूरत है। सुंदरकांड में इन्हीं बातों के इशारे हैं। सुंदरकांड पढ़कर उनके भक्त जान जाते हैं कि जगत् का वैभव और जगदीश का ऐश्वर्य एक साथ कैसे प्राप्त होता है। इसी दृष्टि से हमें भी अपनी सफलता की यात्रा को जब भी जरूरत पड़े और अवसर मिले सुंदरकांड से गुजारते रहना चाहिए। □

मुसीबत में पार लगाता है अध्यात्म

किसके जीवन में मुसीबत नहीं आती। छोटे को छोटी और बड़े को बड़ी दिक्कतें आती ही रहती हैं। मुसीबतों को आने के लिए कोई रिजर्वेशन नहीं कराना पड़ता और न ही वे पूर्व सूचना दिए आती हैं। कुछ तो वे स्वयं चलकर आती हैं और कुछ हम खुद आमंत्रित करते हैं। स्वआमंत्रित समस्याओं के मामले में कुछ लोग बहुत भरेपूरे होते हैं। जैसे ही मुसीबतों के आने का अहसास हो या वह सामने आकर खड़ी ही हो जाए तो अपने भीतर के अध्यात्म को जगाएँ। यहीं से आपका होश बदलेगा, सोचने का तरीका परिवर्तित हो जाएगा। अपने मन में ग्रंथी न बनने दें। हानि-लाभ, खुशी-गम इनके बारे में ज्यादा न सोचें, क्योंकि जब मुसीबत आती है, हम उसके परिणाम पर टिक जाते हैं। अभी घटा नहीं है और हम भविष्य के भय से जुड़ जाते हैं। मन को ग्रंथी बाँधने का शौक होता है। इसी कारण वह दिमाग में उलझनें और उथल-पुथल पैदा कर देता है। ऐसे समय सात्त्विक आहार, शुद्ध विचार और संतुलित शारीरिक क्रियाएँ बड़े काम आती हैं। मुसीबत आते ही इन तीनों पर काम करना शुरू कर दीजिए। मन ऐसे समय बार-बार हमें कुछ पुरानी स्थितियों, व्यक्तियों से विपरीत भाव से जोड़ता है। हम निदान निकालने की जगह पुरानी झंझटों में उलझ जाते हैं। एक अजीब सा उद्वेग पैदा होने लगता है। इससे मुसीबत को बड़ा होने में सुविधा हो जाती है। यहीं से मेंटल बॉडी का लोड फिजीकल बॉडी पर और फिजीकल का लोड मेंटल बॉडी पर आने लगता है। हम शक्तिहीन होने लगते हैं। जबकि हमारा धर्म, हमारी भक्ति हमें सिखाती है, शरीर और आत्मा दोनों के महत्त्व को जानें और दोनों के बीच अंतर को बढ़ाएँ। कुछ लोग केवल आत्मा पर टिककर शरीर को भूल जाते हैं और कुछ लोग केवल शरीर पर टिककर आत्मा को भूल जाते हैं, लेकिन हमें दोनों पर टिकना है अंतर बनाकर। और फिर कैसी भी समस्या हो, मुसीबत रहे, हम पार लग जाएँगे। □

संकल्प के बिना कर्म कहाँ

विचारों से संकल्प, संकल्प से क्रिया और फिर जो परिणाम मिलता है, इनमें आपस में तालमेल रहता है। एक भी कड़ी कमजोर हुई, समझ लीजिए गड़बड़ हो जाएगी। निवर्तमान शंकराचार्य स्वामी सत्यमित्रानंदजी एक जगह कहते हैं—कर्म का प्रारंभ संकल्प का बिंदु है। उससे धीरे-धीरे रेखाएँ बनती हैं। उनसे चाहे महल बने, चाहे मित्र बने। पुल बनेगा तो पहले रेखाएँ खींचनी पड़ेंगी। उन्हीं रेखाओं के आधार पर पुल का निर्माण होता है। मानव मन में संकल्प बिंदु के निर्मित होते ही कर्म की रेखाएँ खिंचती हैं। व्यक्ति के साथ सुसंस्कार हों तो वह राम का प्रतिनिधि बन जाता है, राममय हो जाता है। संकल्प को न सँभाला और पूर्व के कुसंस्कार जाग गए तो व्यक्ति दानव बन जाता है, जो संपूर्ण जगत् को कष्ट देता है। इससे यों भी समझा जा सकता है कि क्रिया करते समय संकल्प हर हालत में शुद्ध होना चाहिए। हमारी संस्कृति में कल्याण के लिए शुभ संकल्प की बात कही गई है। संकल्प अशुद्ध हुआ तो वासना के गहरे गड्ढे में गिरना तय है। शुभ संकल्प के साथ जब भी कोई काम करेंगे, हम उस कर्म की कुरूपता के पक्ष से मुक्त होंगे। कर्म व्यावहारिक जीवन से जुड़ा है और व्यावहारिक जीवन में अच्छाई-बुराई दोनों रहती है। शुभ संकल्प हमें व्यावहारिक जीवन में उतार तो देंगे, लेकिन अच्छे पक्ष से ही जोड़े रखेंगे। हम अपने जीवन का सृजन करना चाहेंगे, विध्वंस नहीं। ऐसा संकल्प समाज के भेदभाव को भी मिटाएगा, धन की शुद्धता पर ध्यान देगा और यहीं से अपराध और भ्रष्टाचार जैसी बीमारियों से मुक्ति होगी। बाबा रामदेव का अभियान जब तक योग से जुड़ा है, इसीलिए शुभ संकल्प से जुड़ा है और इसके दायरे में आनेवाले लोग निश्चित ही करुणा के साथ परिवर्तन लाएँगे। दोष केवल दंड से दूर नहीं किया जा सकता, उसके निवारण के लिए मनुष्य के भीतर के पूरे रसायन को ही बदलना पड़ेगा। संतों द्वारा यह जो राष्ट्रीय निदान सुझाया जा रहा है, उसे गंभीरता से लिया जाना चाहिए। □

कल्याण में हित-अनहित दोनों सात्त्विक

हित और अहित की भावना मनुष्य को स्वार्थी बनाती है, लेकिन बिना इसके काम चलता भी नहीं है। भारतीय संस्कृति ने इन दोनों से हटकर एक नया शब्द दिया है—कल्याण। कल्याण में हित और अहित दोनों बहुत ही सात्त्विक रूप में छुपे हुए हैं। शंकरजी को कल्याण का देवता कहा गया है। इनके अनेक रूप और नाम हैं। आज एक घटना इनसे जोड़कर याद की जा सकती है। एक राजा से ऋषि-मुनियों के प्रति अपराध हुआ था। वे और उसके उमराव शापित हो गए थे। शंकरजी और पार्वतीजी ने इन लोगों को शाप मुक्त किया है और ये लोग क्षत्रिय वर्ण छोड़कर वैश्य वर्ण में आ गए। शिव यानी भगवान् महेश के आशीर्वाद से माहेश्वरी जाति की उत्पत्ति हुई। आज उन्हीं भगवान् महेश की जयंती है। भारतीय संस्कृति में प्रत्येक अवतार या कहें देवता, अपने आचरण से केवल लीला ही नहीं कर रहे, बल्कि जीवन से जुड़ा संदेश दे रहे हैं। उनकी हर गतिविधि हमारे लिए कृपा, करुणा, अनुकंपा, अनुग्रह, इनायत, मेहरबानी और रहमत लेकर आती है। क्षत्रिय से वैश्य वर्ण में आने की घटना प्रत्येक व्यक्ति के साथ होती है। जब हम पुरुषार्थ का काम करेंगे, तब हम क्षत्रिय हैं, लेन-देन, रोजी-रोटी से जुड़ने पर वैश्य हैं, विद्या अध्ययन करने पर ब्राह्मण और सेवाकार्य में शूद्र। भगवान् महेश ने हमारी वैश्य भावना को यह संदेश दिया है कि अपनी कमाई पर बराबर नजर रखें। हमारी कमाई परमात्मा होना चाहिए। आज हर आदमी खुद का ही सौदा कर रहा है। रिश्ते इसी के तराजू में तौले जा रहे हैं और इसके एवज में जो पा रहा है, वह निर्मूल्य है। हम तिजोरी भर लेते हैं और खुद खाली हो जाते हैं, घर भरा हुआ है, जीवन रिक्त है और अंतिम समय में यह महसूस होता है कि जो कमाया, वह किसी मोल का नहीं था और जो गँवा दिया, वह बहुमूल्य था। □

बड़प्पन तो एक दायित्व है

जीवन नरम और गरम दोनों स्थितियों से बना है। आजकल नरम होना कमजोरी माना गया है और गरमी को पुरुषार्थ। भारतीय संस्कृति के अनुसार यह मास ज्येष्ठ (18 मई से 15 जून) के नाम से जाना जाता है। इसमें एक विशिष्ट त्योहार आता है—गंगा दशहरा, जो आज है। ज्येष्ठ का शाब्दिक अर्थ है—श्रेष्ठ बनें। अपने भीतर के बड़प्पन को सँवारने और उजागर करने के लिए यह दिन बड़े काम के हैं। आज बड़ा हर कोई होना चाहता है, पर अपने भीतर बड़प्पन नहीं लाना चाहता। बड़प्पन दायित्व है, इसमें समर्पण है, प्रेम है और जिम्मेदारी है। ज्यादातर लोग इससे बचना चाहते हैं। ज्येष्ठ माह की दूसरी बात यह है कि यह बड़ी गरमी के साथ आता है। लगभग आदमी झुलस जाता है। इस समय उसकी सहनशक्ति काम आती है। इस गरमी में नरमी के तरीके ढूँढ़े जाते हैं और तपन शांत करना हो, गरमी को नरम करना हो तो जल का उपयोग करना होता है। गंगा दशहरा पानी के पवित्र प्रभाव का पर्व है। शास्त्रों के अनुसार इसी दिन गंगाजी का अवतरण हुआ था। एक नदी के रूप में दुनिया भर में अद्भुत है यह जलधारा। जितना आप गंगा को अधिक समझेंगे, उतना ही आप जल का मूल्य जान पाएँगे। आज का दिन, जल व्रत का दिन है। गंगा अपने साथ शीतलता, पवित्रता और सक्रियता लेकर आती है। गंगा किनारे यदि खड़े हो जाएँ और लगातार उसके बहाव को देखते रहें तो आपके जिस्म में माँ के स्पर्श की अनुभूति होने लगेगी। ज्येष्ठ माह हमको यह बताकर जा रहा है कि मैं कलेंडर से तो चला जाऊँगा, लेकिन आपके आचरण की गरमी और संघर्ष के तपन में गंगा की शीतलता का उपाय भी छोड़ जाऊँगा। वर्ष भर, जीवन भर गंगा का यही उपयोग करिए यानी जल का उपयोग। बहुमूल्य हैं बूँदें, एक हों या अनेक। □

मन और हृदय के बीच ध्यान का पुल

जीवन घटनाओं का जोड़ होता है। जिन घटनाओं का संबंध हमसे है, उनका प्रवेश हमारे भीतर हो, यह स्वाभाविक है, लेकिन दिक्कत तब होती है, जब कुछ ऐसी घटनाएँ भी हमारे भीतर प्रवेश ले लेती हैं, जिनका हमसे कोई लेना-देना नहीं है। हम कहीं से गुजर रहे हों, विवाह समारोह का संगीत बज रहा हो या जाती हुई कोई शवयात्रा की धुन सुनाई दे जाए और भले ही इनसे हमारा संबंध न हो, लेकिन हमारा मन इन्हें तत्काल आमंत्रित कर लेता है, लपक लेता है और असंबंधित घटनाएँ भी भीतर उतरकर झंझटें शुरू कर देती हैं। इसकी दूसरी ओर जिन घटनाओं से हमें जुड़ना चाहिए, उन्हें लेकर हमारा मन अपने दरवाजे बंद कर लेता है। इससे हमारे जीवन की गंभीरता चली जाती है, एक उथलापन आ जाता है, जिनसे जुड़ना है, उनसे कट जाते हैं और उन सब बातों से संबंध रख लेते हैं, जो अकारण हैं, बल्कि कई मामलों में अप्रिय भी। इसलिए अपने मन को लेकर एक निजी समझ, व्यक्तिगत विचार और संयमित शैली की जरूरत होती है। मन और हृदय दो अलग-अलग बातें हैं। काम दोनों एक साथ करते हैं। मन शब्द और विचार के माध्यम से गतिशील होता है, काररवाई करता है, मुखरित रहता है और हृदय जुड़ा हुआ है भावनाओं और संवेदनाओं के रूप में। इसलिए हृदय के पास शब्द नहीं हैं और मन के पास शब्दों का भंडार रहता है। अवांछित घटनाओं को भीतर आने से रोकने के लिए और सही घटनाओं से जुड़ने के लिए मन और हृदय के बीच एक पुल बनाना चाहिए। इसी पुल का नाम 'ध्यान' है। मेडिटेशन जितना अधिक होगा, जुड़ाव और कटाव उतना परिपक्व रहेगा। हमारे शरीर के यह दोनों केंद्र अद्‌भुत रूप से काम करेंगे। ध्यान का एक तरीका यह भी है कि जरा मुसकराइए।

□

आज का काम आज निपटाएँ

आपके संघर्ष की यात्रा में आप अकेले नहीं होते हैं, जितने मित्र होते हैं, उससे अधिक शत्रु भी जुड़ जाते हैं। लेकिन हर काम को यदि सुंदरता से किया जाए तो एक जगह जाकर शत्रु और मित्र का फर्क ही खत्म हो जाता है। सुंदरकांड पढ़कर लोगों को यह समझ में आ जाता है कि हनुमानजी कर्म-धर्म, अनुराग-विराग, भक्ति-योग के समन्वय और संतुलन की पाठशाला हैं। इनके जीवन की एक-एक घटना यह सिखा देती है कि थोड़ी सी आध्यात्मिकता काफी है, बहुत अधिक भौतिकता के लिए। भौतिकता के सही परिणाम पाना हो तो हल्का सा छींटा आध्यात्मिकता का देना पड़ता है। लंका की ओर सीताजी की खोज में जैसे ही हनुमान उड़े, तुलसीदासजी ने एक दोहा लिखा है—जात पवनसुत देवन्ह देखा। जानैं कहुँ बल बुद्धि बिसेषा। सुरसा नाम अहिन्ह कै माता। पठइन्हि आइ कही तेहिं बाता॥ देवताओं ने पवन पुत्र हनुमानजी को जाते हुए देखा। उनकी विशेष बल-बुद्धि को जानने के लिए उन्होंने सुरसा नामक सर्पों की माता को भेजा, उसने आकर हनुमानजी से कहा, आज मुझे तुम्हारे रूप में भोजन प्राप्त हो गया है। हनुमानजी की सफलता की यात्रा में यह एक और बाधा थी। हम जब भी अपने कर्मक्षेत्र में उतरेंगे, सुरसा जैसी बाधाएँ भी आएँगी। सुरसा को सर्पों की माता कहा गया है। सर्पिणी का स्वभाव है कि वह अपने ही अंडे खा जाती है। हनुमानजी ब्रह्मचारी हैं और सामने एक स्त्री। यहाँ लिखा गया है—सुनत बचन कह पवनकुमारा। सुरसा की बात सुनकर तत्काल हनुमानजी ने उत्तर दिया। हनुमानजी समझा रहे हैं कि एक तो समस्या का निराकरण करने में देर न की जाए। पेंडिंग रखना आलस्य का रूप है और पहले सुरसा को शब्दों में समझाते हैं, उसके बाद क्रिया पर उतरते हैं। हमारे लिए यही सबक है कि चरणबद्ध चलें और समस्याओं को निपटाएँ। □

आलोचना से डरें नहीं, प्रशंसा से मोह नहीं

हमारे भीतर की अच्छाइयाँ सदैव हमें आगे ले जाए और सुख पहुँचा दे ऐसा जरूरी नहीं होता है। इनके कारण भी कभी-कभी परेशानियाँ आ जाती हैं। ईर्ष्यालु हृदय के लोग आपकी अच्छाइयाँ, सरलता, विनम्रता को लेकर एक अदृश्य आक्रमण करते हैं। आपके यश को खंडित करने के लिए उनका कुटिल मन सक्रिय हो जाता है। इसलिए अपने भीतर अच्छाई बनाएँ और उन अच्छाइयों को बचाएँ भी दूसरों के आक्रमण से। अच्छा आचरण भी मुसीबत पैदा कर देता है। इसलिए अच्छे व्यक्ति को हिम्मतवाला भी होना चाहिए, क्योंकि यदि ऐसे आक्रमणों को ठीक से सँभाला नहीं गया तो या तो जीवन में निराशा आ जाएगी या हम अच्छाई छोड़कर गलत मार्ग पर चल देंगे। इसलिए अपने भीतर की हिम्मत को ऐसे समय उजागर करें। यदि हम अपनी हिम्मत को स्वयं की अच्छाई से जोड़े रखेंगे तो हमारे परिवार और समाज में योग्य मनुष्य और उनके उज्ज्वल भविष्य के लिए अपनी अच्छाई का उपयोग कर सकेंगे। एक और खतरा अच्छाई के साथ होता है कि दूसरे हमें मान देने लगते हैं, पूजने लगते हैं। इनसे दूर रहने के लिए भी भीतरी ताकत चाहिए। यदि हम कमजोर हैं तो हम इसी में उलझ जाएँगे, ऐसा उलझना सबको अच्छा लगता है। प्रशंसा की मिठास भीतर गटकने में कौन देर करेगा, लेकिन भविष्य में परिणाम खतरनाक होंगे। जो सही और सत्य है उसको अपने आचरण से जोड़कर पूरे साहस के साथ दूसरों के हित में उपयोग किया जाए। जितना हम इस तरह की क्रिया करेंगे, उतना ही हमारा व्यक्तित्व मजबूत होगा, उसमें गहराई आएगी। न आलोचना से डरें, न ही प्रशंसा के प्रति अतिरिक्त मोह रखें। इन दोनों के बीच एक लयबद्धता बनाएँ। काम की दोनों ही हैं, लेकिन सही समझ के साथ।

□

जानबूझकर की गई गलती अक्षम्य है

भूल किससे नहीं होती। अनजाने में होती है और जानबूझकर भी की जाती है, लेकिन कर्म के साथ भूल का सिलसिला बना ही रहता है। कुछ लोगों की भूलें दूसरे ही उनको बताते हैं और कुछ लोग स्वयं उन्हें पकड़ लेते हैं। जो अनजाने में गलती कर जाते हैं, उनकी अबोध दशा तो माफ की जा सकती है, लेकिन जो जानबूझकर गलत कर रहे हों और ऐसा समझकर कि यह हमारे हित के लिए है, फिर भी करते रहें, उन्हें सावधान रहना चाहिए। लंबे समय तक ऐसी गतिविधि भविष्य में बड़ा नुकसान पहुँचाएगी। जिस क्षण यह पता लगे कि हमसे गलती हो गई है और वह गलती किसी व्यक्ति या परिस्थिति से जुड़ी है तो फौरन क्षमा माँग ली जाए। धर्म में इसे ही प्रायश्चित्त का बोध कहा गया है। प्रायश्चित्त का भाव केवल अफसोस नहीं होता, बल्कि दोबारा गलत काम न करने का संकल्प भी इसमें छुपा रहता है। गलत काम हो जाने पर जब हम क्षमा माँगने की तैयारी कर रहे होते हैं, तब हमारा मन हमें रोकता है। इसके पीछे हमारा अहं काम कर रहा होता है। अहंकार को क्षमायाचना करने में बड़ी पीड़ा होती है। अहंकार हमें समझाता है कि गलत काम करने के बाद यदि क्षमा माँगी गई तो लोग आपको कायर, निर्बल, मूर्ख समझेंगे। अहंकार कहता है, बड़ी-से-बड़ी मुसीबत आ जाए उससे निपट लेंगे, पर गलती होने पर क्षमा मत माँगो। और यहीं से मनुष्य लगातार गलतियाँ करते चला जाता है। जीवन में प्रसन्नता और आनंद की जो संभावना होती है, वह समाप्त होने लगती है। हमारे और हमारी सफलता के बीच में ये गलतियाँ रुकावटें और बाधाएँ बनकर स्थायी रूप बस जाती हैं। गलत के विरुद्ध लड़ने और संघर्ष करने की रुचि समाप्त हो जाती है। इसलिए पहली बात तो गलत करें न और यदि हो जाए तो प्रायश्चित्त से गुजरें। हो सकता है हर गलती एक सीख बन जाए। □

मन से हट हृदय से जुड़ें

दिल लगता नहीं अकेले में, यह भी आजकल की जीवनशैली की एक बड़ी समस्या है। पुराने दार्शनिक लोग कह गए हैं कि दो ही लोगों को अकेलापन प्रिय लगा है। योगियों में साधु-संतों को और भोगियों में स्त्रियों को। अकेलेपन में मनुष्य की निकटता, स्पर्श और संग को अलग-अलग रूप से देखा जाता है। अकेलेपन का अर्थ लिया जाता है किसी का साथ न होना और इसीलिए इसे दूर करने के लिए दूसरे को ढूँढ़ा जाता है, किसी और से इसको भरते हैं, खासतौर पर देह से। या तो अपनी देह को आदमी अपने अकेलेपन में किसी और से जोड़ने का प्रयास करता है। जैसे खेल, मनोरंजन के साधन या और कोई व्यक्ति। इसीलिए शरीर से मिटाया जानेवाला अकेलापन अस्थायी होता है। कुछ समय के लिए खत्म होगा और फिर लौटकर आएगा। अकेलापन मिटाने का दूसरा तरीका होता है भावनात्मक स्पर्श से। आदमी केवल शरीर से शरीर को नहीं छूता, दृष्टि और हृदय से भी दूसरों को स्पर्श किया जा सकता है। अकेलापन मिटाने की इस क्रिया में मन और हृदय सक्रिय हो जाते हैं। भावनात्मक स्पर्श अपना काम तो करता है, लेकिन जरूरी नहीं कि अकेलापन मिट जाए, पूर्ण तृप्ति और संतुष्टि तब भी नहीं मिलती। इसलिए इस मामले में एक बार फिर हमें अपने हृदय और मन की भूमिका को समझना होगा। भावनात्मक रूप से अकेलापन मिटाने में मन केवल विचार और जानकारियाँ भीतर भरता है और बाहर उगलता है। मन से हटकर जब हृदय से जुड़ जाएँ तो अकेलेपन में हृदय कुछ अधिक पवित्र होता है, ठीक बदलाव लाता है। मन को विचारों से खाली कर दीजिए। खाली मन अपने आप खिसककर हृदय के पास चला जाता है और हृदय से फिर पूरे शरीर में भावनाओं का संचार होता है और ऐसा संचार अकेलेपन को आनंद में बदल देता है। यह क्रिया है तो गहरी पर करने पर परिणाम बड़े शुभ देती है। □

सबका सम्मान, सबका कल्याण

मिल-जुलकर रहना हिम्मत का काम है। पहले कहा जाता था, सब मिलकर रहेंगे तो सुरक्षित रहेंगे और आज महसूस किया जाता है कि अपनों से ही खतरे पैदा हो जाते हैं। दो-चार लोग मिलकर रहें दूर की बात है, अब तो एक छत के नीचे दो लोग पति-पत्नी के रूप में मिलकर नहीं रह पाते। महात्मा गांधी ने अपने 11 व्रतों में स्पर्श भावना को भी एक व्रत कहा है। उनका मामला केवल छुआछूत से नहीं जुड़ा था। उस समय हो सकता है, इस बात का महत्त्व था कि कोई अछूत न रहे, लेकिन आज इसके अर्थ और बदल गए। आदमी अपने ही लोगों को अछूत मानता है और वैसा ही व्यवहार करता है, जबकि हमें अपने पास, साथ रहनेवालों के प्रति एक पवित्र स्पर्श का भाव होना चाहिए। धर्म कुछ अलग सिखाता है, इससे हटकर धार्मिकता यह सिखाती है कि जब हम अपने निजी जीवन के प्रति सम्मान का भाव रखेंगे, पूरे अस्तित्व के प्रति आभार की भावना रखेंगे, तभी हम दूसरों के प्रति करुणामयी रहेंगे, स्पर्श भावना लिये हुए होंगे। स्पर्श भावना मनुष्य की स्वाभाविक माँग है। चाहे वह सत्संग से पूरी हो, दांपत्य से संतुष्ट हो या मित्रता से, पर बिना इसके काम नहीं चलता। अपने और दूसरे के शरीर के प्रति हमें बहुत ही पवित्रता का भाव रखना चाहिए। इससे हमारे मिल-जुलकर रहने की वृत्ति पर बड़ा अनुकूल असर पड़ेगा। शरीर को हथियार मानकर इस्तेमाल करना या अपवित्र जानकर दुरुपयोग करना पूरी शारीरिकता और परमात्मा दोनों का अपमान है। मानव मात्र का शरीर उतना ही पवित्र है, जितना किसी साधु का या मंदिर में प्राण प्रतिष्ठित प्रतिमा का। यह भाव जितना परिपक्व होगा, परिवार और समाज में हमारी मिल-जुलकर रहने की भावना उतनी ही दृढ होगी। ऐसी मानवीय समझ मनुष्यता के विकास के लिए बहुत ही जरूरी है। □

शरीर है परमात्मा तक पहुँचने का साधन

परमात्मा तक पहुँचने का हर मार्ग जीवन से होकर जाता है। जो लोग जीवन में आनंद और जिंदगी के मायने नहीं ढूँढ़ पाएँगे, वे ईश्वर तक भी नहीं पहुँच पाएँगे। भारतीय संस्कृति में ऐसा माना जाता है कि जो संन्यासी होता है, वह भगवान् को आसानी से पा लेता है, लेकिन यह बात भी पूरी तरह से सही नहीं है। यदि संन्यास को ठीक से नहीं समझा गया तो भी परिणाम परमात्मा के नहीं मिलेंगे। संन्यासी का अर्थ होता है—जिसने अपने लिए सारी आकांक्षाएँ छोड़ दीं। वह परिवार, समाज से परे का व्यक्ति हो जाता है। उसका अपना कोई जीवन नहीं रह जाता। ऐसे लोगों को विनोबा भावे 'विश्व मानव' कहा करते थे। ये सबके लिए होते हैं, लेकिन सब इनके भीतर नहीं होते। इसलिए कहा गया है संन्यासी की सामाजिक मृत्यु हो जाती है, लेकिन इसका यह अर्थ कतई नहीं होता कि वह समाज से दूर हो जाता है। वह दुनिया में रहता है, लेकिन दुनिया उसके भीतर नहीं रहती। परमात्मा तक पहुँचने की यह सबसे पहली सीढ़ी है। संन्यासी का सारा श्रम उसके लिए नहीं रहता। वह स्वेच्छा से अंतर्मुखी होता है। कुछ लोग मुसीबत आने पर भीतर उतर जाते हैं, कुछ लोग उदासी में एकाकी हो जाते हैं, एक किला अपने आसपास बना लेते हैं। लेकिन एक संन्यासी जब अंतर्मुखी होता है, इसका मतलब होता है, उसने भीतर से संसार को खाली कर दिया। संसार की मुसीबतें, झंझटें उसके भीतर नहीं आतीं और यही भीतर का खालीपन जीवन के सार से हमारा परिचय कराता है; क्योंकि जिंदगी की ओर पीठ करके बैठने से परमात्मा की ओर मुँह नहीं होता। सच्चा संन्यासी यही सिखाता है कि जीवन को जितनी गहराई से स्पर्श करेंगे, वहाँ छुपा हुआ परमात्मा उतना ही आसानी से मिल जाएगा। और संन्यास घर में, व्यवसाय में, कहीं भी लिया जा सकता है, यदि इसे आचरण समझें तो। वरना आवरण का संन्यास तो कोई भी ले सकता है। □

विनम्रता से दुनिया जीत सकते हैं

जीवन में ज्ञान, कर्म और उपासना तीनों में से कोई भी मार्ग चुन लें, समस्याएँ हर मार्ग पर आएँगी। लेकिन अच्छी बात यह है कि हर समस्या अपने साथ एक समाधान लेकर ही चलती है। समाधान ढूँढ़ने की भी एक नजर होती है। सामान्यत: हमारी दृष्टि समस्या पर पड़ती है, उसके साथ आए समाधान पर नहीं। रामचरितमानस के सुंदरकांड में जब हनुमानजी लंका की ओर उड़े तो सुरसा ने उनके सामने आकर उनको खाने की बात कही। पहले तो हनुमानजी ने उनसे विनती की। इस विनम्रता का अर्थ है—शांत चित्त से बिना आवेश में आए समस्या को समझ लेना। जब सुरसा नहीं मानी और उसने अपना मुँह फैलाया। जोजन भरि तेहिं बदनु पसारा। कपि तनु कीन्ह दुगुन बिस्तारा॥ सोरह जोजन मुख तेहिं ठयऊ। तुरत पवनसुत बत्तिस भयऊ॥ उसने योजन भर (चार कोस में) मुँह फैलाया। तब हनुमानजी ने अपने शरीर को उससे दोगुना बढ़ा लिया। उसने सोलह योजन का मुख किया, हनुमानजी तुरंत ही बत्तीस योजन के हो गए। यह घटना बता रही है कि सुरसा बड़ी हुई तो हनुमानजी भी बड़े हुए। दोनों के बीच बड़े होने का संघर्ष आरंभ हुआ। हनुमानजी ने सोचा कि ये बड़ी, मैं बड़ा, इस चक्कर में तो कोई बड़ा नहीं हो पाएगा। दुनिया में बड़ा होना है तो छोटा होना आना चाहिए। छोटा होने का अर्थ है—विनम्रता। दुनिया जब भी जीती जाएगी, विनम्रता से जीती जाएगी। बड़ा होकर किसी को हराया जा सकता है। इसीलिए हनुमानजी ने छोटा रूप लिया और सुरसा के मुँह से बाहर आ गए। और तुलसीदासजी ने लिखा—सत जोजन तेहिं आनन कीन्हा। अति लघु रूप पवनसुत लीन्हा॥ उसने सौ योजन (चार सौ कोस का) मुख किया। तब हनुमानजी ने बहुत ही छोटा रूप धारण कर लिया। हमें समझना चाहिए कि विनम्रता वीरों का गहना होता है। बड़ा आदमी जितना विनम्र होगा, उतना ही सुंदर होता जाएगा। □

बोली में अपनापन रखें

आध्यात्मिक जीवन में उदारता और विनम्रता आधार बन जाते हैं। इसी विनम्रता को भक्ति के मार्ग में 'दीनता' भी कहते हैं। अपनी दीनता और विनम्रता ईश्वर के प्रति प्रकट करने के लिए हमारे पास शब्द भी छने हुए होना चाहिए। आज भी भारत के परिवारों में भाषा और बोली का फर्क नजर आता है। भक्ति में भाषा से ज्यादा बोली काम आती है। संस्कृत को देवभाषा तथा बाकी सबको प्राकृत भाषा इसीलिए बोला गया है। देव भाषा के लिए एक मानसिक और वैचारिक स्तर होना चाहिए, लेकिन बोली के मामले में इतना अनुशासन जरूरी नहीं है। बड़े की 'भाषा' होती है और बच्चे की 'बोली' होती है। पुराने संस्कृत नाटकों में पुरुष 'देव' भाषा बोलते थे और स्त्रियाँ 'प्राकृत' में बोलती थीं। आज भी भारत के अधिकांश घरों में स्त्रियों की बोली का ही व्यवहार चलता है। पुरुष की भाषा बाहर की होती है और स्त्री घर में बोली को जन्म देती है। बोली में एक अजीब सा अपनापन होता है। इसमें गजब के संकेत होते हैं। सुदामा ने श्रीकृष्ण को पोटली से जो चावल दिए थे, वो उनकी पत्नी सुशीला की बोली का परिणाम थे। सुशीला जो बोलना चाहती थी, वह चावल के दानों से व्यक्त किए गए। हमारा भी शब्दों पर थोड़ा-थोड़ा बोली का स्पर्श होना चाहिए। हम कितनी उच्च भाषा के जानकार हों, लेकिन अपनी बोली का टच उसमें जरूर रखें। भाषा विचारों से आती है और दार्शनिक कहते हैं, बोली का संबंध साँस से है। आप जितनी गहरी साँस लेंगे, आपकी बोली में उतना ही अपनापन आएगा। माताएँ जब बच्चों को शब्द ज्ञान कराती हैं, उसका माध्यम बोली होती है। भारत के परिवारों में अपनापन बनाए रखने के लिए भाषा से अधिक बोली का ही योगदान है और भक्तिमार्ग के पथकों ने इसी बोली के माध्यम से भगवान् से अपने को जोड़ा है। □

असत्य अशांति को निमंत्रण देता है

ऐसा कहते हैं कि दुनिया में कोई काम ऐसा नहीं है, जो रसोई के काम की बराबरी का कहा जा सके। भोजन बनाना और खिलाना जीवन के दो बड़े महत्त्वपूर्ण काम हैं। इसका संबंध अन्न से है और अन्न से मन बनता है। मन से फिर पूरा व्यक्तित्व चलता है। बड़े-बूढ़े कहा करते हैं कि कितने ही व्यस्त रहें, भोजन तसल्ली से करें तथा क्या खा रहे हैं, इसके प्रति सावधान रहें। आदमी की व्यस्तता और स्वाद ने उसके जीवन से भोजन का महत्त्व खत्म कर दिया है। कई लोगों की शिकायत होती है कि साधना के समय हमें सांसारिक विचार बहुत आते हैं। दो घंटे की पूजा में चौबीस घंटे की दुनिया घुसी रहती है। पाँच मिनट के ध्यान में पाँच वर्षों के कार्यक्रम संपन्न हो जाते हैं। क्या आपने कभी सोचा है कि इस लूली-लँगड़ी पूजा के पीछे भोजन की महत्त्वपूर्ण भूमिका है। मस्तिष्क का स्वभाव होता है कि वह हर विचार को आकृति में बदलने की कोशिश करता है। यही आकृति फिर ध्यान यानी मेडिटेशन के समय प्रवेश कर जाती है। शरीर जब भोजन ग्रहण करता है, उस समय मस्तिष्क यदि शांत न हो और संसार की आकृतियाँ तैयार कर रहा हो तो भोजन उन आकृतियों से जुड़ जाता है। यह आकृतियाँ आदमी-औरत, भवन, कार, आभूषण ऐसी न जाने कितनी भौतिक वस्तुएँ होती हैं। इसीलिए हमारे यहाँ भोजन के पहले भोग लगाने की व्यवस्था है। जो अन्न परमात्मा को स्पर्श हो जाता है, उसे 'भोग' माना जाता है। मस्तिष्क भोग से परमात्मा की आकृति को जोड़ लेगा और अन्न सात्त्विक होता जाएगा। अन्न जैसे ही भोग के रूप में स्वीकार किया जाएगा, लोग शाकाहार और शुद्धता के प्रति सावधान हो जाएँगे। आदमी ने अपने जीवन में अन्न के नाम पर अपने भीतर कूड़ा-करकट भरने की तैयारी कर ली है। इसे असत्य-अन्न कहेंगे और यह केवल अशांति पैदा करेगा। भोग और प्रसाद सत्य-अन्न हैं, जो आपको शांति और आनंद प्रदान करेंगे। □

शिक्षण के साथ संस्कार भी

शिक्षा रोजी से जुड़ी रहे यह बहुत अच्छा है। इसमें से जानकारियाँ निकल आएँ, ये भी काम आती हैं। शिक्षा का ज्ञान से कितना लेना-देना है, यह एक बार फिर शोध का विषय बन गया है, लेकिन एक सवाल और चिंता शिक्षा के साथ जुड़ गई है, वह है अधिक अच्छी शिक्षा पाने के लिए जो दौड़ इस समय चल रही है, उसने बच्चों के भीतर के एक वेग भर दिया है। इसीलिए बच्चे बहुत तेजी में हैं। यह वेग धीरे-धीरे आवेग में बदल जाता है। विद्यार्थी को विद्या अध्ययन के समय यह ज्ञात नहीं हो पाता कि वह किस तेजी में है। उसकी गति, चाल, प्रवाह और रफ्तार पर गुरु और पालकों की नजर होना चाहिए। वे बच्चों के मस्तिष्क, मन और आत्मा में एक संतुलन बनाने की जिम्मेदारी उठाएँ। शिक्षा ने जो तीव्रता विद्यार्थियों के भीतर भर दी है, उसे भक्ति से थोड़ी शीतलता प्रदान करें। गति को धीमी नहीं करना, किंतु शांत तो करना ही होगा। अगर यह संतुलन इनके जीवन में नहीं आया तो जरा से धक्के पर यह सँभल नहीं पाएँगे और जिंदगी कब झटका या धक्का दे दे पता नहीं लगता। विज्ञान और जानकारी के शिक्षण के अलावा संस्कारों का शिक्षण भी इसीलिए अनिवार्य है। जब ये दोनों मिलाकर किया जाएगा, तब ही उदार शिक्षण माना जाएगा। पहले की व्यवस्था में पुरुष प्रधान जीवन होने के कारण शिक्षा भी बँटी हुई थी। आज स्त्री-पुरुष शिक्षा के मामले में समान बनाए जा रहे हैं। ऐसे में पिछले दौर से भी अधिक खतरे बन गए हैं। पहले पुरुष ने मनमानी की, क्योंकि वह प्रधान था और आज की शिक्षा में जब दोनों समान हैं तो दोनों मिलकर मनमानी कर रहे हैं। फायदे से ज्यादा नुकसान उठाया जा रहा है। स्त्री और पुरुष के बीच जो प्राकृतिक भेद है, उसे दुनिया की कोई शिक्षा नहीं मिटा पाएगी, लेकिन प्रतिस्पर्धा और अहंकार के भेद को मिटाना पड़ेगा, तब ऐसा उदार शिक्षण दोनों के जीवन में जब रोजी-रोटी से जुड़ेगा तो कमाई अशांति का कारण नहीं बनेगी। □

ज्ञान बाँटने से बढ़ता है

एक संसार तो होता है और एक संसार मान लिया जाता है। कई मनुष्यों की आदत होती है कि वे अपने माने हुए संसार में इस कदर डूब जाते हैं कि उनका संबंध वास्तविक संसार से कट जाता है। जब वे वास्तविकता से दूर होते हैं, तब वे घोर अशांत पाए जाएँगे। बच्चों में यह आदत होती है कि वे अपना एक संसार बना लेते हैं। अभी उनके पास न तो दूरदृष्टि है और न ही अनुभव। इसलिए अपने आसपास की दुनिया ही उनके लिए सबकुछ हो जाती है। वे अत्यधिक 'मैं' केंद्रित हो जाते हैं। आज के बच्चे खुद में जितने संकुचित हो रहे हैं, उतने किसी दौर में नहीं हुए। छोटे परिवारों में यह समस्या और बढ़ जाती है। वे अपने जीवन में किसी का हस्तक्षेप नहीं चाहते। उन्हें पसंद न आनेवाली कोई भी पंक्ति उन्हें आक्रमण लगती है। जिद की सीमाएँ बढ़ जाती हैं और प्रेम के दायरे कम हो जाते हैं। अपने घेरे से बाहर निकलकर दूसरों के बारे में सोच ही नहीं पाते। ज्यादा-से-ज्यादा इनकी दौड़ माता-पिता तक रहती है। काका-काकी, मामा-मामी जैसे रिश्ते इसी संकुचित जीवनशैली की भेंट चढ़ जाएँगे। दादा-दादी, नाना-नानी तो दूर की बात हैं, जब ऐसे खतरे घरों में दिखने लगे और जो माँ-बाप चाहते हों कि सिंगल यूनिट के बच्चे केवल अपने पर न टिकें और भी रिश्तों को मान दें तो ऐसे बच्चों के साथ अत्यधिक बातचीत की जाए। बातचीत में ज्ञान बाँटना, समझाइश देना, सिद्धांत समझाना जैसा स्वर न रहे। बच्चों से लगातार गपशप करें। हमारे पुराण-शास्त्रों में गुरु-शिष्य गपशप की शैली में ही बड़ी-बड़ी कथाएँ कह गए। गपशप का हर शब्द पॉजीविटी लिये हो। यदि बच्चों को यह लगेगा कि उन पर शब्द भी थोपे जा रहे हैं तो यह 'टच मी नॉट' पीढ़ी आपके होंठ खोलने के पहले आपका मूढ़ खराब करने के सारे साधन अपना लेगी। इसलिए बच्चों को खूब समय दीजिए और पूरा समय गपशप की शैली में बिताएँ। □

गृहस्थाश्रम है सबसे महान्

भारत के ऋषि-मुनियों ने जो व्यवस्थाएँ दी हैं, उसमें एक सुंदर व्यवस्था थी—आश्रम की व्यवस्था। इसे चार भागों में बाँटा गया था—ब्रह्मचर्य, गृहस्थ, वानप्रस्थ और संन्यास। बीते वक्त में यह जीने के चार भाग थे। आज के दौर में भी जीवन इन चार हिस्सों में बाँटा जा सकता है, लेकिन केवल बाहरी आचरण में नहीं, भीतरी अनुभूति के साथ। यदि आज केवल वानप्रस्थ की बात करें तो इसकी एक बड़ी विशेषता हाथ लगती है और वह है—सहमति का जीवन। ब्रह्मचर्य में घोर अनुशासन होता है। गृहस्थी समूह में जीने की स्थिति होती है, लेकिन वानप्रस्थ का अर्थ है—परिपक्व गृहस्थ। जिसके पास थोड़ा स्पर्श गृहस्थी का भी है और थोड़ी सी नजदीकी संन्यास आश्रम की भी है। आज जब परिवारों में हर व्यक्ति अपनी सोच रहा है। ऐसे समय वानप्रस्थ की वृत्ति परिवार को और जोड़ेगी। वानप्रस्थी का अर्थ है—कुटुंब की भावना को और विस्तृत करना। वानप्रस्थ में स्त्री और पुरुष दोनों के निर्णय मान्य और सम्मानीय होते हैं। वानप्रस्थी अपनी गृहस्थी को और व्यापक बनाता है। आज तो लोगों को लगने लगा है कि अपने बच्चे भी पता नहीं वक्त आने पर अपने रहेंगे या नहीं। ऐसे समय वानप्रस्थ रिश्तों को गहरा करके और व्यापक बनाता है। तब आत्मीयता एक या दो बच्चों में नहीं सिमटती, बल्कि हर बच्चा अपना लगने लगता है। रिश्ते जड़ों की तरह फैलने लगते हैं। आनंद के केंद्र विस्तार पा लेते हैं। अपने ही नहीं दूसरों का संकल्प पूरा करने के लिए भी तैयारी शुरू हो जाती है। घर छोड़कर जंगल में जाने की जरूरत नहीं पड़ती। योगियों सा आनंद घर-गृहस्थी में मिलता है। इसलिए वानप्रस्थ का थोड़ा सा भी छींटा पूरे पारिवारिक जीवन को सुगंधित बना देगा।

□

जीवन में कुछ भी स्थायी नहीं

सार्वजनिक जीवन में मित्र कब शत्रु हो जाए और शत्रु कब मित्र बन जाए, यह विकल्प खुले रहते हैं। आज के समय में स्थायी कम ही चीजें होती हैं। यदि कोई मित्र मिले तो कोशिश करिए, मित्रता कायम रहे, वह कभी शत्रुता में न बदल जाए। और जब शत्रु मिले तो प्रयास करिए, शत्रुता बनी न रहे, जल्दी-से-जल्दी मित्रता में बदल जाए। हनुमानजी सुंदरकांड में लंका की यात्रा के समय सुरसा का सामना कर रहे होते हैं। जब छोटे बनकर सुरसा के मुँह से बाहर आए तो उनके बल और बुद्धि को देखकर सुरसा ने प्रसन्नतावश उन्हें भरपूर आशीर्वाद दिया। तुलसीदासजी ने लिखा है—सुरसा बोली—बुधि बल मरमु तोर मैं पावा। मैंने तुम्हारी बुद्धि और बल का मर्म पा लिया है। आज भी हमें यदि किसी को प्रभावित करना है तो हमारे पास ये दो साधन हैं। बिना बुद्धि के बल केवल पहलवानी होगी और बिना बल के बुद्धि मात्र विचारों की जुगाली रहेगी। दोनों को जोड़ना पड़ेगा। फिर हनुमानजी के पास तो इन दोनों के साथ विवेक भी था। जो अभी-अभी शत्रु थी, वह सुरसा हनुमानजी को आशीर्वाद देकर कहती है—राम काजु सबु करिहहु तुम्ह बल बुद्धि निधान। आसिष देइ गई सो हरषि चलेउ हनुमान॥ तुम श्रीरामचंद्रजी का सब कार्य करोगे, क्योंकि तुम बल-बुद्धि के भंडार हो। यह आशीर्वाद देकर वह चली गई, तब हनुमानजी हर्षित होकर चले। इन पंक्तियों में दो शब्द बड़े काम के हैं। सुरसा ने उन्हें आशीर्वाद दिया। हमारी पूँजी आशीर्वाद होना चाहिए, वरदान नहीं। हमारे काम ऐसे हों बड़े-बूढ़े और दूसरे लोग हमें आशीर्वाद दें, भारत में इसका बड़ा महत्त्व है। दूसरा शब्द है हरषि यानी प्रसन्नता। सुरसा जैसी समस्या को निपटाते हुए हनुमानजी अपनी प्रसन्नता नहीं छोड़ते। हम भी सीखें खुश रहते हुए हर जोखिम का सामना किया जाए, इसी से जीवन सुंदर बनेगा। □

शांति-प्रसन्नता की कोई कीमत नहीं

दिन भर में यदि दस लोगों से मिला जाए तो उसमें से सात लोग आजकल यही कहते पाए जाते हैं—जीवन में आनंद नहीं आ रहा, जिंदगी बोझिल होती जा रही है, बस कट रही है। इस तरह के उदासी भरे संवाद सामान्य रूप से सुनाई देने लगे हैं। जीवन में खुशी खींचकर लाना पड़ती है। कोई यह समझ ले कि खुशी खुद चलकर आएगी तो मुश्किल है। आनंद अर्जित करने का मामला है। यह एक तरह का परिश्रम है, इसे सृजन के साथ पाना पड़ता है। कोई यह समझ ले कि प्रसन्नता चलकर आ जाएगी तो ठीक नहीं है। या तो हमको उस तक जाना पड़ेगा या उसे हमारे पास लाना पड़ेगा। इसीलिए भारतीय संस्कृति कहती है कि केवल जन्म लेना ही पर्याप्त नहीं है, जन्म के बाद जीवन को सँवारना जरूरी है। इस सब में मन की बड़ी महत्त्वपूर्ण भूमिका होती है। गुरु नानक कहा करते थे—'राम नामि मनु बेधिआ अवरु कि करी वीचारु' कि भाई, यह जो तेरा मन विषयों-विकारों में फँसकर हिरन की तरह दिन-रात भटकता फिरता है, जिस समय यह राम-नाम के साथ जुड़ जाएगा, यह हमेशा के लिए बिंध जाएगा, काबू आ जाएगा। राम-नाम से गुरु नानक साहिब का मतलब कोई लफ्ज नहीं है, बल्कि वह ताकत है, जिसने सारी दुनिया की रचना पैदा की है। इसलिए मन को जप नाम से जोड़ा जाता है तो वह निर्मल और पवित्र हो जाता है। नाम को फकीरों ने परमात्मा का ही रूप कहा है। जो प्रसन्नता की खोज में हों, वे मन और नाम का जोड़ बना दें। नाम आपका गुरुमंत्र हो सकता है, ईश्वर का नाम हो सकता है, यह स्वतंत्रता ली जा सकती है। लेकिन खुश रहना है तो खुशी का इंतजार न करें, स्वयं सक्रिय हो जाएँ और खुशी को पकड़-पकड़कर जीवन में लाएँ। जो मन बाधक दिखेगा, वही मददगार हो जाएगा। और आज के समय में शांति, प्रसन्नता जिस भी कीमत पर मिले, लपक लीजिए। □

कर्म और कर्मफल का सुख

जीवन के कर्म और कर्मफल को लेकर भगवान् महावीर ने एक सुंदर दर्शन दिया है। मग्गो मग्गफलं ति य दुविहं जिणसासणे समक्खादं। मग्गो खलु सम्मत्तं, मग्गफलं होइ णिव्वाणं॥ भगवान् कहते हैं—जिन शासन में मार्ग तथा मार्गफल, इन दो प्रकारों से कथन किया गया है। मार्ग मोक्ष का उपाय है। उसका फल निर्वाण या मोक्ष है। धर्म के अनुशासन में दो ही बातें कही गईं और वे हैं मार्ग और उसका मार्गफल। जो मार्ग पर चलेगा, उसे मार्गफल अवश्य मिलेगा। केवल मार्ग पर बैठे रहने से, धूप-दीप करने से या उसकी जय-जयकार करने से मार्गफल की प्राप्ति बिल्कुल नहीं हो सकती। विज्ञान भी कहता है, कुछ पाने के लिए कुछ करना ही पड़ेगा। लोग चलने से ही डर जाएँ तो पहुँचने की उपलब्धि कैसे होगी। जीवन को प्रसन्नता, आनंद की प्यास होती है और उसकी तलाश में वह इधर-उधर मुँह मारता है। यदि सही जगह न पहुँचे तो जीवन गलत तरीके से खुशी ढूँढ़ने लगता है। कुत्ता जब हड्डी खाता है तो वह सूखी हड्डी उसको रस इसलिए देती है कि हड्डी की रगड़ से कुत्ता अपनी ही दाढ़ का खून पी रहा होता है और गलतफहमी यह हो जाती है कि यह रस हड्डी में है। भगवान् महावीर यही कह रहे हैं, हम इंद्रियों से भोगते हैं, पर इंद्रियाँ हमको भोग लेती हैं। बिना संयम के आनंद नहीं आएगा। एक है इंद्रियों के भोग का रस और दूसरा है हृदय की आत्मीयता से प्राप्त आनंद। आज के जीवन में सारे रिश्ते इंद्रियों पर टिके हैं, इसलिए भाई-भाई, पति-पत्नी, बाप-बेटे कुछ समय अच्छे लगते हैं और उन्हीं में फिर मन-मुटाव हो जाता है। क्योंकि आधार इंद्रियाँ हैं, लेकिन आत्मीयता आधार होगी तो बाहरी स्थिति कितनी ही बदल जाए, प्रेमपूर्ण संबंध बने रहेंगे। आत्मीयता उतारने के लिए प्रयास करना पड़ेगा। इसी प्रयास का नाम है—कर्म और कर्मफल। □

अहंकार में सुख कहाँ

आदमी की सबसे बड़ी कमजोरी क्या है? इस सवाल के दार्शनिकों ने अलग-अलग उत्तर दिए हैं। लेकिन इस बात पर सभी सहमत हैं कि हर कमजोरी में यदि कोई एक कॉमन दुर्गुण मौजूद है तो वह है अहंकार। जीवन का यह सबसे बड़ा असत्य है, लेकिन लोगों को सर्वाधिक प्रिय है। अहंकार जीवन में आते ही पहला काम करता है, बुद्धि को उल्टा कर देता है। यहीं से लोग अहंकार और इज्जत को एक समझने लगते हैं और भूल जाते हैं अहंकार बढ़ने से इज्जत बढ़ती नहीं है, बल्कि कम हो जाती है। अहंकारी समाज में प्रतिष्ठा भले ही बना ले, लेकिन उसका मनोबल और आत्मविश्वास लंबे समय में कम होने लगता है। ऐसा कहते हैं, अहंकार नीच कर्मों का बादशाह होता है। अहंकार जैसे-जैसे कम होगा हम वैसे-वैसे सरल और विनम्र होते जाएँगे और यहीं से हम दूसरों से अपेक्षा करना छोड़ देंगे। जीवन जितना अपेक्षा रहित होगा, उतना ही अशांति से दूर होगा। अहंकारी सारी दुनिया के सामने अपनी ऊर्जा इस बात में खर्च करता है कि लोग जान जाएँ 'मैं कौन हूँ।' इसे सिद्ध करने के लिए हर तरह के हथकंडे अहंकारी अपनाता है। जबकि अध्यात्म कह रहा है, ताकत इस बात में लगाओ कि आप स्वयं जान जाएँ कि आप कौन हैं? मनुष्य की कोशिश रहती है सब देख लें, समझ लें कि मैं कौन हूँ। अपनी खासियत, अपनी विशिष्टता हम भी कुछ हैं, इस भाव के आसपास जीवन भर ताने-बाने बुने जाते हैं। यह अहंकार की गतिविधि होती है। जब मनुष्य इससे संघर्ष करता है तो अहंकार अपनी विदाई के अंतिम क्षणों में विनम्रता का वेश धर लेता है, पर जाना नहीं चाहता। इसको भेजे बिना जीवन का सच्चा सुख मिल भी नहीं सकता।

□

परिवार एक बगिया है

परिवार बगीचा नहीं नर्सरी की तरह है। यदि परिवार में शांति है, सद्गुण है और सद्भाव है तो इसकी सुगंध सारे समाज में फैलेगी। थोड़ी सी पारिवारिक सावधानी समाज की गंदगी को भीतर आने से रोकेगी और थोड़ी सी सजगता परिवार की श्रेष्ठता को समाज में बिखेर देगी। माली एक बात तो जानता है कि जिस खाद से दुर्गंध निकल रही होती है, उस खाद को यदि वृक्ष से गुजार दिया जाए तो वही पेड़ों-पौधों की सुगंध बन जाती है। परिवार का हर व्यक्ति अपने आप में एक पौधा, एक वृक्ष है। समाज से दुर्गंध रूपी खाद लगातार आती रहती है, लेकिन परिवार के पास यह संभावना है कि दुर्गंध में से सुगंध बना दे। हम जिस भी नौकरी, धंधे या व्यवसाय में हों, वहाँ की यांत्रिकता, हानि-लाभ की वृत्ति, व्यावसायिक दृष्टिकोण परिवार में न लाया जाए, लेकिन परिवार का प्रेमपूर्ण वातावरण आत्मीयता और संवेदनाएँ बाहर के काम-काज के क्षेत्र में जरूर ले जाई जाए। इससे जिंदगी में जो अनुचित है, जो बुरा है, वह शुभ में बदल सकता है। जीवन की दुर्गंध सुगंध में बदल सकती है। यह एक तरह का रूपांतरण होता है। परिवार में रूपांतरण की संभावना अत्यधिक बलवती होती है। पूरा जीवन एक रूपांतरण है। बाहर की दुनिया का जीवन शिक्षा, ज्ञान, योग्यता और तकनीक से पूर्ण होता है, लेकिन पारिवारिक जीवन प्रेम और आत्मीयता से रूपांतरित होता है। बाहरी जीवन जानना है और पारिवारिक जीवन जागना है। आप जीवन को जितना जानेंगे और उसके प्रति जितने जागरूक रहेंगे, आप उतना ही इसका सदुपयोग कर सकेंगे। इसलिए घर-गृहस्थी को कामकाज की दुनिया में प्राथमिकता दी जाए, उसके महत्त्व को नकारा न जाए। □

बच्चे भगवान् का रूप

भारतीय परिवारों में सोलह संस्कार की जो व्यवस्था रखी गई है, उसमें संतान को भी संस्कार से जोड़ा है। ऋषि-मुनियों ने यह व्यवस्था बड़े सोच-समझकर की है। गृहस्थी में बिना प्रेम के शांति नहीं हो सकती। परिवार में प्रेम लाने के लिए शारीरिकता से ऊपर उठना होगा, जितना प्रेम अधिक होता जाएगा, उतनी ही शारीरिकता परिवारों में कम होती जाएगी। रिश्तों में शरीर के भाव को कम करने के लिए संतान बहुत बड़ा अवसर होती है। जैसे ही संतान होती है, माता-पिता प्रेम और संवेदना के साथ संतान पर टिक जाते हैं। यहीं से पति-पत्नी के बीच शारीरिकता कम होती जाती है। कई बार तो भले ही मजबूरी वश हो, लेकिन बच्चों की मौजूदगी झगड़े और तनाव को कम करती है। स्त्रीत्व मातृत्व में और पुरुषत्व पितृत्व में घुल-मिल जाता है। बच्चों के लिए जब माँ-बाप त्याग करते हैं तो वे इसे बोझ न मानकर आनंद मानते हैं, जबकि ऐसा त्याग पति-पत्नी एक-दूसरे के लिए नहीं कर पाते। त्याग की यह भावना धीरे-धीरे स्थायी होने लगती है और इसका असर परिवार के अन्य रिश्तों पर भी पड़ता है। जीवन में बच्चों के आते ही प्रेम का जो भाव जागता है, समझदार लोग इसे और विस्तारित करते हैं। बच्चों को घर और बाहर लालन-पालन के दो तंत्र से संचालित किया जाता है। पहले के मुकाबले आज के बच्चे बाहर की स्थितियों से जल्दी और ज्यादा परिचित हो जाते हैं। ऐसे में घर के संस्कारों को उनसे जोड़े रखना थोड़ा दबाव का काम हो जाता है। लेकिन उनके व्यक्तित्व में संतुलन बनाने के लिए प्रेम से संस्कारों को उनके व्यक्तित्व में उतारा जाए, नहीं तो यह बच्चे घर और बाहर दोनों ही स्थिति में अशांत होकर अपने आप को दु:ख की स्थिति में पटक लेंगे। इन्हें घर उपद्रव का अड्डा लगने लगेगा और बाहर नरक नजर आएगा, जबकि नरक हमारे जीने के तरीके का दूसरा नाम है। इसलिए परिवार जितना प्रेमपूर्ण होगा, संतानें उतनी ही यशस्वी हो सकेंगी। □

बुद्धि के साथ धैर्य को जोड़ें

बुद्धिमान व्यक्ति को धैर्यवान भी होना चाहिए। कभी-कभी बुद्धि की अधिकता आदमी को अधीर बना देती है। हनुमानजी के लिए सुंदरकांड में मतिधीर शब्द का उपयोग किया गया है। इसका सीधा सा अर्थ है—वे बुद्धिमान हैं और धैर्यवान भी। सुरसा नाम की राक्षसी जब मुँह फैलाकर उन्हें खाने की बात कर रही थी तो हनुमानजी पहले तो बड़े हुए थे और फिर बहुत छोटे होकर उसके मुँह में से बाहर आ गए थे। वे अपने समय, लक्ष्य और ऊर्जा को लेकर अत्यधिक सावधान रहे। वे जानते थे, उनका लक्ष्य रामकाज है। सीताजी तक श्रीराम का संदेश पहुँचाना है। इसीलिए मैनाक पर्वत को उन्होंने कह दिया था—रामकाजु कीन्हें बिनु मोहि कहाँ बिश्राम। दूसरी बात, वे जानते थे कि सुरसा से युद्ध करने पर ऊर्जा और समय दोनों नष्ट होंगे। इसीलिए तुरंत वहाँ से आगे बढ़ गए। आगे उनके साथ एक घटना घटी थी—निसिचरि एक सिंधु महुँ रहई। करि माया नभु के खग गहई॥ जीव जंतु जे गगन उड़ाहीं। जल बिलोकि तिन्ह कै परिछाहीं॥ समुद्र में एक राक्षसी रहती थी। वह माया करके आकाश में उड़ते हुए पक्षियों को पकड़ लेती थी। आकाश में जो जीव-जंतु उड़ा करते थे, वह जल में उनकी परछाईं देखकर उन्हें रोक लेती थी। हनुमानजी ने उसको एक लात के प्रहार से मार डाला और आगे चले। तुलसीदासजी ने हनुमानजी के लिए लिखा है—ताहि मारि मारुतसुत बीरा। बारिधि पार गयउ मतिधीरा॥ पवनपुत्र धीर बुद्धि वीर श्री हनुमानजी उसको मारकर समुद्र के पार गए। मतिधीर लिखकर तुलसीदासजी बताते हैं, इस समय जब शिक्षा के युग में बुद्धिमान होना सरल है, तब धैर्यवान उतना ही कठिन होता जा रहा है। बुद्धि के साथ धैर्य जुड़ जाए तो लक्ष्य पर पहुँचना आसान हो जाएगा।

□

कीचड़ बनें या कमल, आप पर निर्भर

चयन और वितरण चतुराई और विवेक से हो तो भौतिक जगत् में प्राप्त किया गया सुख-शांति भी प्रदान करेगा। हम किसी भी क्षेत्र के व्यक्ति हों, चार चीजों का चयन जरूर करें—सौंदर्य, यौवन, शक्ति और धन। ईश्वर ने इन्हें संभावना बनाकर हर मनुष्य को सौंपा है। भगवान् से जुड़ने का एक अर्थ यह भी है कि हम धन, उत्साह और आरोग्य से जुड़ें। ईश्वर बहुत सुंदर है, इसमें कोई संदेह नहीं है। इसका प्रमाण प्रकृति है। प्रकृति परमात्मा की प्रतिनिधि है। हमें भी ईश्वर के ये ऐश्वर्य अपने भीतर उतारना चाहिए। इसके लिए परमात्मा ने हमें शक्ति भी दी है। जो लोग शक्ति और ऊर्जा का अपने जीवन में सही वितरण करते हैं, उन्हें फिर परमात्मा के ऐश्वर्य आसानी से उपलब्ध हो जाते हैं। संसार में जो भी लोग महान् हुए हैं, उन्होंने अपनी शक्ति का जमकर सदुपयोग किया है और ऊर्जा को सही तरीके से देह के भीतर तथा बाहर विभाजन करते हुए परिणाम लिये हैं। मनुष्य होने की विशेषता यह है कि वह हर निर्णय के लिए स्वतंत्र छोड़ा गया है। यही उसके लिए खुशी की बात भी है और परेशानी की भी। जीवन एक कोरे कैनवास की तरह है। आप इस पर शक्ति की स्याही से भरी कलम जैसे चाहे वैसे चला सकते हैं। हर इबारत मनुष्य अपनी मौलिकता से लिख सकता है, लेकिन चयन में भ्रम के कारण और ऊर्जा, शक्ति के गलत वितरण के कारण हमारी स्वतंत्रता ही हमारा तनाव बन जाती है। हम स्वतंत्र हैं अच्छा करने के लिए या बुरा करने के लिए। और बुरे की ओर आकर्षण सहज होता है। कीचड़ बनना या कमल बनना, दोनों हमारी स्वतंत्रता में शामिल है। इसलिए अपनी शक्ति और ऊर्जा को चौबीस घंटे में थोड़े समय के लिए अपने भीतर उतरकर पहचानें और सही उपयोग करें।

□

अनाहत को सुनिए

कर्मयोग पर हमारे महात्माओं ने अलग-अलग दृष्टि से बहुत सुंदर बातें कही हैं। बिना कर्म किए कोई रह नहीं सकता। कर्म का शरीर, मन और आत्मा से जो संबंध है, उसपर राधास्वामी सत्संग के साहित्य में महाराज चरनसिंहजी कहते हैं—हमारी आत्मा उस परमात्मा का अंश है, हम उस सतनाम रूपी समुद्र के कतरे हैं। हम उस मालिक से बिछड़कर इस माया के जाल में फँस गए हैं। यहाँ आकर हमारी आत्मा ने मन का साथ ले लिया है। जो-जो कर्म हम मन के अधीन होकर करते हैं, अच्छे भी करते हैं, बुरे भी करते हैं। सिक्खों के पाँचवें गुरु अर्जुन देवजी ने इस दुनिया को करमा संदड़ा खेत कहकर बयान किया है। हम यह जानते ही हैं कि इन कर्मों के कारण जिस जामे में भी जाकर हमें जन्म लेना पड़ता है, उस जामे में हम सुख और शांति प्राप्त नहीं कर सकते। हर एक जामे में हमें दुःख ही दुःख, मुसीबतें-ही-मुसीबतें सहनी पड़ती हैं। इनसान के जामे के बारे में अच्छी तरह से विचार करके देखें। जिस जामे को हम सृष्टि का सरताज कहते हैं। जेलखानों में जाकर अगर मुलजिमों की कहानियाँ सुनें तो पता लगेगा, दुनिया में हर तरफ दुःख और मुसीबतें ही हैं। अपने शरीर से हम इन सबका शोर सुनकर अपने भीतर उतार लेते हैं। बाहर का यह शोर जितना भीतर उतारेंगे, हम अशांत हो जाएँगे। थोड़ा भीतर उतरकर इस शोर की जगह अपनी वाणी को भी सुनिए। हमारे भीतर एक ऐसा स्वर होता है, जिसे शास्त्रों में अनाहत कहा है। एक शब्द मनुष्य बोलता है, मनुष्य सुनता है। यह मनुष्य द्वारा बोली गई वाणी है। पर एक वाणी ऐसी होती है, जिसमें खुद मनुष्य ही सुनाई देता है और वह है अनाहत। इसलिए कुछ समय बिल्कुल गहरे उतरकर उस ध्वनि को भी सुना जाए तो बाहर का शोर परेशान नहीं करेगा। □

संस्कार से जुड़ाव, दुराचार से बचाव

विद्यार्थी जीवन निर्णायक भूमिका अदा करता है, लेकिन आज भी छात्र-छात्राओं के मामले में वातावरण अपने प्रभाव अलग-अलग रखता है। इस दौर में शक्ति, ऊर्जा, योग्यता की संभावनाएँ भरपूर रहती हैं और माता-पिता के साथ समाज तथा राष्ट्र भी इस युवा पीढ़ी को देख रहा होता है। इस निर्णायक दौर में पढ़ाई-लिखाई के साथ श्रेष्ठ विचार, श्रेष्ठ प्रवृत्ति और संस्कार सोने में सुहागा जैसे हैं, लेकिन इनके लिए माहौल मिलना थोड़ा मुश्किल हो जाता है। इस शिक्षा जगत् में भी शोषण, कुटिलता और आचरणहीनता भरपूर भरी हुई है। जवानी भटक जाए, वह तो समझ में आता है, लेकिन शिक्षा के क्षेत्र में वरिष्ठ लोग भी कुप्रवृत्तियों का शिकार हैं। पढ़ानेवाले और शिक्षा प्रबंधन में व्यावसायिक दृष्टिकोण रखनेवाले तमाम लोग, विशेषतौर पर छात्राओं के साथ आज भी अलग अपेक्षा के साथ व्यवहार करते हैं। स्त्री की घर में और बाहर दोनों जगह मौजूदगी अभी भी अलग अंदाज में देखी जाती है। स्त्रियाँ मूल रूप से समर्पित रूप से जीवन जीने का स्वभाव रखती हैं और इसी का दुरुपयोग कुछ लोग विद्यार्थी जगत् में भी करते हैं, उनकी सहजता को लगभग नोंचने की मुद्रा में आ जाते हैं। अपने कुटुंब से बाहर बच्चियों को माता-पिता जैसे सुरक्षित भाववाले लोग आज भी मिलना मुश्किल हो जाते हैं। बच्चियाँ आत्मविश्वास से अभी भी यह नहीं कह पातीं कि सोसाइटी में अधिक उम्र के लोग हमारे माँ-बाप की तरह ही बैठे हुए हैं। स्त्रियाँ घर और बाहर सुरक्षित स्थान की खोज में लगातार वर्षों से लगी हुई हैं। ऐसे में विद्यार्थी जीवन और चुनौतीपूर्ण हो जाता है। इसलिए इस समय संस्कारों से जुड़ाव जितना अधिक होगा, दुराचार से बचाव उतना ही आसान हो जाएगा।

□

सम्यक् बोध से आती है प्रसन्नता

व्यावहारिक जीवन में बाहर सजगता रखना पड़ती है और जब जीवन में अध्यात्म शुरू होता है तो उसी सजगता को भीतर जागरण नाम दिया गया है। जैन संत श्री चंद्रप्रग ने इसी को सम्यक् दृष्टि और सम्यक् बोधि के साथ बहुत सुंदर विश्लेषण किया है। सजगता से किया जाता है और जागरण से होता है। जो किया जाता है, उसका इतिहास लिखा जाता है और जो हो जाता है, वह व्यक्ति का स्वभाव होता है। हम होनी की तरफ आएँ, अपने स्वभाव से जुड़ें। ज्यों-ज्यों व्यक्ति में कर्ताभाव कम होता जाएगा, त्यों-त्यों वह अपने आत्म-स्वभाव में स्थिर होता चला जाएगा। जानें अपना स्वभाव कि हमारे भीतर क्या है? भीतर कितना क्रोध है, कितनी शांति? भीतर कितनी पवित्रता की स्थिति है और कितने विकार हैं? व्यक्ति स्वयं का हर पल आत्मदर्पण में निरीक्षण करे, स्वयं के प्रति सम्यक्त्व का। मेरे भीतर अच्छा क्या है, बुरा क्या है? अच्छे को मैं कैसे बढ़ाऊँ और बुरे से कैसे बचूँ? व्यक्ति अपनी सम्यक् बोधि का उपयोग स्वयं को जानने और सुधारने के लिए करे। ऐसी बाहरी सजगता और भीतरी जागरण जीवन में आने पर एक व्यावहारिक घटना यह घटती है कि जीवन का रूखापन खत्म हो जाता है। जीवन में जितना अधिक जागरण और सजगता होगी, जीवन उतना साथ देगा। सम्यक् भाव उदासी को भी छिटकता है। जीवन में परेशानी अनेक तरीके से आती है। अच्छे-अच्छे उदास हो जाते हैं। साहित्य में एक शब्द है क्षणभंगुर। उदासी के भाव को क्षणभंगुर रखा जाए। इसे यदि बार-बार दोहराया जाए तो यह आदत भविष्य में महँगी पड़ती है। सम्यक् बोध भीतरी प्रसन्नता को बढ़ाएगा और इसके आते ही बाहर की उपलब्धियों के अर्थ ही बदल जाएँगे।

□

संसार में अनुपयोगी कुछ भी नहीं

संसार में अनुपयोगी कुछ भी नहीं है, हरेक का अपना उपयोग है। हम जिस वृत्ति से वस्तु या व्यक्ति का उपयोग करते हैं, उसी से उसका रूप और महत्त्व बदल जाता है। संगीत का ही उदाहरण लें। केवल आनंद के लिए इसे सुनेंगे तो संगीत के अर्थ ही कुछ अलग होंगे। इसका उपयोग जब कुछ कमाने के लिए करेंगे तो संगीत अपनी दिव्यता खो देगा। संगीत गौण हो जाएगा और हमारा स्वार्थ प्रधान रहेगा। इससे रसिकता समाप्त होकर लोलुपता में बदल जाएगी। जीवन में रसिक होना जरूरी है, परंतु लोलुप होने से बचा जाए। वस्तु के उपयोग में इंद्रियों की भूमिका होती है, उसे विषय तक जाना ही है। इंद्रियाँ विषयों को भोग में बदल देती हैं। इसलिए ऋषियों ने कहा है अपनी इंद्रियों को परमशक्ति से जोड़ दो तो विषय की जगह समर्पण की भावना जागेगी। हम रसिक तो रहेंगे, पर वासना से मुक्त होंगे। संसार की हर वस्तु को विषय न मानें, उसे विभूति मानकर उससे संबंधों में पवित्रता रखी जाए। व्यक्ति, स्थिति, वस्तु के प्रति सही भाव न होने के कारण हम उसका सदुपयोग भी नहीं कर पाते। मनुष्य ने इस मामले में सबसे बड़ी चूक जीवन को समझने में की है। अधिकांश लोग जन्म को ही जीवन समझने की भूल कर जाते हैं। जबकि जन्म सिर्फ एक घटना है प्राणपूर्ण, लेकिन जीवन इसके बाद इसे सँवारने और सही रूप से समझने से शुरू होता है। जब जन्म होता है तो उसी के साथ एक अवसर, एक संभावना का भी जन्म होता है कि इस जन्म को जीवन में बदला जा सके। पशु-पक्षी इसमें चूक जाते हैं। उनके लिए जन्म और जीवन एक ही है, पर मनुष्य अपनी इंद्रियों का उपयोग सही रूप से करते हुए जीवन को उपलब्ध हो सकता है। यदि इंद्रियों को ईश्वर से जोड़ें तो जीवन भी एक उपलब्धि होगा।

□

अपना आत्मविश्वास बढ़ाएँ

जीवन बहुत जटिल होता है। जिसे आज हम सच मान रहे हैं, कल वह झूठ साबित हो जाएगा और झूठ सच में भी बदल सकता है। जिंदगी में रास्ते सीधे नहीं हुआ करते। हर मोड़ एक पहेली जैसा होता है, लेकिन यह सब बाहर का मामला होता है। जैसे ही हमारे भीतर होश जाग जाता है, हम इन स्थितियों से परेशान नहीं होते। तुलसीदासजी ने रामचरितमानस के सुंदरकांड में हनुमानजी के ऐसे ही होश का वर्णन किया है। वे मैनाक, सुरसा और सिंहिका से निपटकर जब लंका के निकट पहुँच गए और प्रवेश की तैयारी कर रहे थे, तब तुलसीदासजी ने उनके लिए लिखा— सैल बिसाल देखि एक आगें। ता पर धाइ चढ़ेउ भय त्यागें॥ सामने एक विशाल पर्वत देखकर हनुमानजी भय त्यागकर उसपर दौड़कर जा चढ़े। यहाँ हनुमानजी ने बताया लंका में प्रवेश के पहले मनुष्य को सक्षम होना जरूरी है। सक्षम तीन बातों में रहें—तन, मन और धन। कुछ लोग तन से सक्षम हैं तो मन और धन से कमजोर हैं। कुछ धन से सक्षम हैं तो तन, मन से कमजोर हैं। सक्षम होने का अर्थ है—तीनों में परिपूर्ण होना। यह दुनिया एक लंका की तरह है। इसमें प्रवेश करना हो तो हर तरह से सक्षम होना पड़ेगा। इस चौपाई में शब्द आया है—हनुमानजी दौड़कर चढ़ गए। यहाँ दौड़कर चढ़ने का अर्थ है कि हनुमानजी जो भी काम करते हैं फुरती से और समयबद्धता से करते हैं तथा इसी के साथ वे परमात्मा के प्रति अपना विश्वास बनाए रखते हैं। उमा न कछु कपि कै अधिकाई। प्रभु प्रताप जो कालहि खाई॥ हे उमा! इसमें वानर हनुमान की कुछ बड़ाई नहीं है। यह प्रभु का प्रताप है, जो काल को भी खा जाता है। इस चौपाई में लिखा है, उनके साथ प्रभु प्रताप था, इसलिए वे हर जटिल काम सरलता से कर गए। स्वयं का आत्मविश्वास और ईश्वर का भरोसा जीवन में होश के रूप में आता है। □

हर समस्या का निदान संभव

जीवन में जब सबकुछ अच्छा चल रहा होगा तो दुनियावाले भी पूछताछ कम करेंगे। यह अलग बात है कि आपके सुख से वे दुःखी भी हो सकते हैं। लेकिन जब हम पर संकट आएगा, कोई समस्या होगी, तब हमसे पूछताछ भी ज्यादा होगी। दूसरों के दुःखों को टटोलने और कुरेदने का रस कुछ लोगों को सुख पहुँचाता है। भूलने से दुःख कम होता है, पर बाहर से दुनिया भूलने नहीं देती। मनुष्य ऐसे में सबसे कटकर अकेलेपन में चला जाता है, खुद को दूसरों से काट लेता है। समस्या यहीं निपट जाती तो यह तरीका भी बुरा नहीं होता। लेकिन लोगों से बचकर अब हम अपने पर टिक जाते हैं और यहीं से मन सक्रिय हो जाता है। मन को फिर-फिर कर सोचने की, विचार खाने की आदत है, जिस दुःख या समस्या पर टिकता है, उसे और बड़ा बना देता है। हल्की-फुल्की मुसीबत को भी वह बहुत गंभीर कर देता है। यहीं से चिंता के जाल में फँसता है मनुष्य। हम स्वयं देखें, कई बार जब समस्या या दुःख का प्रथम प्रवेश होता है, वह आरंभ में उतनी बड़ी या गंभीर नहीं होगी, लेकिन मन उससे जुड़ा और सक्रिय होकर उसे भारी बना देता है। समाधान को असंभव बनाने तक मन क्रियाशील रहता है। इसलिए प्रयोग करें, जैसे ही दुःख, मुसीबत, परेशानी, संकट या प्रतिकूल समय आए सावधानी रखें कि मन का इससे ज्यादा जुड़ाव न हो सके। आप बाहर लोगों से कटें या न कटें, लेकिन मन को मुसीबतों से काटकर रखें। चाहें तो कहीं और उसे बहला दें। उसे निष्क्रिय करने के लिए ध्यान का प्रयोग करें, मेडिटेशन से गुजरा मन संकटों से दूर रहेगा। यहीं से हम शांति के साथ समाधान ढूँढ़ सकेंगे। हर समस्या का सामना हम प्रफुल्लता और उत्साह से कर सकेंगे। हमारे लिए तब समाधान के प्रयास चिंता का विषय नहीं, सहज कर्म होंगे। □

व्यक्ति जीवन भर सीखता है

जीवन में सीखने के लिए जितनी स्थितियाँ हैं, उनमें से एक महत्त्वपूर्ण है मृत्यु। फकीरों ने कहा है धार्मिकता शुरुआत है जीवन को सही रूप में देखने की। और अंत होते-होते धार्मिकता जब अध्यात्म में बदलती है, तब मृत्यु को सही से देखना आ जाता है। मृत्यु भी गुरु की भूमिका में होती है। बड़ी-से-बड़ी सीख मृत्यु से ली जाती है। कई लोग कहते हैं—सीधे मर जाएँ या फटाफट शरीर खत्म हो जाए तो ठीक है, पर थोड़ा-थोड़ा शारीरिक कष्ट और फिर न जाने कब मौत, यह बड़ा कष्टकारी है। लोग मौत भी सुविधाजनक चाहते हैं। जिंदगी में तो यह माँग बनी ही रहती है। दरअसल, जब तक जिंदगी में बढ़िया चल रहा होता है, तब तक मृत्यु की याद भी नहीं आती, बल्कि उसका स्मरण भी अशुभ रहता है। जहाँ शरीर के, हालात के कष्ट शुरू हुए तब मनुष्य थोड़ा बहुत मौत को टटोलता है। मृत्यु को मजबूरी, लाचारी या भय से याद न किया जाए, इसे सतत स्मरण रखा जाए। जितना मृत्यु से परिचय गहरा होगा, जिंदगी उतनी ही अच्छे से समझ में आएगी। यदि जीना चाहते हैं तो मृत्यु को न भूलें। परमात्मा ने मनुष्य को बुद्धिमान बनाकर सर्वश्रेष्ठ वरदान दिया है। इसलिए थोड़ी बुद्धि मृत्यु के स्वाद, समझ और स्वागत में भी खर्च की जाए। उसे जब आना होगा, कोई रोक नहीं पाएगा, लेकिन तैयारी पूर्व से ही होगी तो जीवन जरूर मस्ती का स्पर्श ले लेगा। जीवन तो हमारे पास है, हमने उसे सँवारा है, तैयार किया है, लेकिन सारी साधना, उपासना केवल इसी से न जुड़ी रहे। मृत्यु का बोध, होश जीवन के प्रति आसक्ति से मुक्त रहेगा। अभी हमारा जीवन अधिकांशत: प्रेमपूर्ण न होकर आसक्ति युक्त हो गया है। मृत्यु की समझ के लिए सतत जागृति हमें प्रेमपूर्ण बनाएगी, हरेक के प्रति हमारी दृष्टि बदल देगी। ऊर्जा मौत से बचने में न लगाकर समझने में लगाई जाए तो जीवन जीना भी उपलब्धि हो जाएगा। □

सद्‌गुरु को जीवन में लाएँ

जीवन के प्रति एक विशेष दृष्टि और विश्वास जगाने के लिए कुछ विशेष परिस्थितियों से गुजरना पड़ता है। ऐसी ही एक परिस्थिति का नाम होता है—गुरु। हम चाहे किसी भी मार्ग के व्यक्ति हों, भौतिकता का पथ हो या भक्ति की राह, कुछ-न-कुछ संदेह, भ्रम और प्रश्न खड़े हो ही जाते हैं। जिज्ञासु लोग उत्तर पाना चाहते हैं। यह चाहत ही गुरु पर जाकर पूरी होती है, लेकिन याद रखिएगा, गुरु उत्तर दे या न दे, पर समझ को एक उत्तेजना प्रदान कर देता है। वही समझ होश बनकर साधक के काम आती है। जैसे छात्र जीवन में सफलता के लिए दो बातें जरूरी हो जाती हैं—शिक्षक और पाठ्यक्रम। इनसे भी जुड़ाव समर्पण और परिश्रम से होता है। योग्य शिक्षक मिल जाए और उपयोगी पाठ्यक्रम का चयन कर लिया जाए तो परिणाम में सफलता होती है। यही दृश्य भक्ति के मार्ग में भी रहेगा। गुरु की जरूरत ही इसलिए है कि भक्ति करते समय एक नदी आती है विचारों की, इसका केंद्र मन होता है। गुरु अपने मंत्र से मन के विसर्जन, निष्क्रियता की तैयारी कराता है। गुरुमंत्र को जीभ से रटने का विषय न बना लें, यह तो मन को निष्क्रिय करने का साधन है। जिनके पास गुरुमंत्र है, उनके लिए ध्यान में उतरना सरल है। भौतिक जगत् में भी सफलता के साथ जिस शांति की जरूरत है, वह जिस होश से आती है, उसका स्रोत ध्यान होता है। तो सद्‌गुरु के प्रभाव को व्यक्ति से अधिक मंत्र में मानें। गुरु के झरोखे से भगवान् को झाँका जा सकता है, पर झरोखे पर ही टिक गए तो यह गुरु का अपमान होगा। जिन कारणों से सद्‌गुरु हमारे जीवन में आते हैं, यदि वे ही पूरे न किए जाएँ तो यह सद्‌गुरु का अपमान ही होगा।

□

भला सोचो, भला करो

हमें कुछ बातों से, व्यक्तियों से अतिरिक्त लगाव होता है। अपने लगाव को विस्तार दें। यहीं से हमारे जीवन में परमार्थ आरंभ होगा। भला सोचो और भला करो, परमात्मा को पसंद है। परमार्थ करते समय दृढ भावना रखें और वह भी निश्चलता के साथ। सभी में स्वार्थ भाव होता है। अस्तित्व बनाए रखने के लिए स्वार्थ भावना भी जरूरी है। निज-हित करना पाप नहीं है। स्वार्थ की भावना आत्मरक्षा के लिए आवश्यक तत्त्व है। अपने इस स्वार्थ भाव को धीरे-धीरे परमार्थ में बदलने की क्रिया भी जारी रखी जाए। निज-स्वार्थ में त्याग का भाव जोड़ने से निस्स्वार्थ भाव जागता है। धीरे-धीरे अपने लाभ के साथ दूसरों की हानि न हो, यह शैली विकसित होने लगेगी। अपनी आत्म-उन्नति करते-करते दूसरों को प्रोत्साहन, अवसर देना हमारी जीवनशैली का हिस्सा बन जाएगा। जो लोग अपने निज-हित के विचार को लंबे समय तक स्वयं पर ही केंद्रित रखेंगे, वे फिर धीरे-धीरे कंठित होंगे और अनुचित करने पर भी उतर जाएँगे। ऐसे लोग पुण्य भी परहित के लिए नहीं, अपने पाप काटने के लिए ही करेंगे। ऐसे ही लोगों ने यह धारणा फैलाई है कि पाप करते रहो, उसके एवज में पुण्य भी करते चलो, पुण्य पाप को काट देगा। अनुचित तरीके से धन कमाकर उचित, भले कामों में लगाकर पुण्य अर्जित करने की कामना एक भ्रम है। परमात्मा कमीशनखोर नहीं है, जो आपकी गलत हरकतों को पुण्य से लीपा-पोती कर देगा। वहाँ की व्यवस्था साफ-सुथरी है। अच्छे कर्मों के परिणाम अच्छे मिलेंगे, बुरे कर्मों के नतीजे शुभ नहीं होंगे। दरअसल, कर्म आरंभ होते ही फल भी शुरू हो जाता है, कर्म के फल पेंडिंग नहीं होते। फल को देखने, समझने, भोगने की तीव्रता के कारण लग सकता है, फल का परिणाम बाद में मिला। दरअसल, कृत्य और परिणाम जुड़े हैं। इसीलिए स्वार्थ की भावना निज-हित के लिए रखना बुरा नहीं है, उसके भी परिणाम होंगे, लेकिन इसी का त्याग से जुड़ाव होने पर परमार्थ शुरू होगा, उसके परिणाम शुभ, व्यापक होंगे। □

सत्यं-शिवं-सुन्दरम् का रहस्य

भीड़ उसे माना गया है, जहाँ बिना किसी आचार-विचार, प्रयोजन, आधार के लोग इकट्ठे हो जाएँ। भीड़ में किसी को किसी से संपर्क, सहयोग की जरूरत नहीं होती। नरमुंडों का व्यापक दृश्य होता है, हृदय की भावनाओं के झोंके नहीं रहते। धीरे-धीरे अब जीवन में भीड़ के दृश्य भी बदलने लगे हैं। एक घर में, एक छत के नीचे पति-पत्नी भी आजकल ऐसी भीड़ बनते जा रहे हैं। बिना किसी प्रयोजन, आधार और प्रेम के इन दो लोगों की भीड़ में भी हजारों का शोर सुनाई दे जाता है, सान्निध्य, निकटता की चाह प्यास बनकर रह जाती है। जिस रिश्ते में नीति, सदाचार, स्वभाव, सौंदर्य और प्रेम की अपेक्षा थी, वह भीड़ जैसा निर्मम हो गया। भीड़ में शरीरों की उपस्थिति और गिनती ही मुख्य होती है, जबकि परिवार में हर रिश्ते को थोड़ा शरीर से मुक्त कर प्रेम, संवेदना से जोड़ना ही परिवार को भीड़ में बदलने से रोकने में मददगार होगा। भारतीय संस्कृति ने गृहस्थी को धर्म, संस्कार और अध्यात्म से जोड़ा है। यदि परिवार इनसे सही रूप में जुड़ जाए तो वहाँ प्रेम उतरना आसान हो जाएगा। बिना प्रेम के परिवार उपद्रव का अड्डा बनकर ही रह जाता है। हिंदू धर्म ने परमात्मा को संबोधित करते हुए एक सुंदर वाक्य दिया है—सत्यं-शिवं-सुन्दरम्। यह पंक्ति केवल परमात्मा के स्वरूप वर्णन के लिए ही नहीं कही गई है। ये हमारे जीवन के तीन तल हैं। सत्यम् वह केंद्र, जहाँ हम स्वयं के सबसे अधिक निकट होंगे। प्रेम का स्रोत यही है। अपने अंतरतम पर टिका व्यक्ति होश में होता है, सद्भाव संवेदना से लबालब रहेगा। फिर आता है दूसरा तल—सुंदरम् का। यहाँ आकर मनुष्य प्रकृति से जुड़ता है। जीवन की सुंदरता यहीं प्रकट होती है और निखरती है। इसके बाद का तल

है शिवम्। यह समाज से, परिवार से जोड़ता है। शिवम् कल्याण का भाव है। जब इस क्रम से चलकर हम परिवार में उतरेंगे, समाज में रहेंगे तो भीड़ नहीं, समूह बनेंगे। प्रेमपूर्ण, होश से भरे परिपक्व प्राणियों का समूह, यही परिवार का सही रूप होगा। □

सहमति और विरोध : जीवन के दो पहलू

सहमति और विरोध दोनों की ही जीवन में अलग-अलग स्थिति में जरूरत पड़ती है, लेकिन यदि गलत में सहमति हो जाए और सही का विरोध हो जाए तो नुकसान भी उठाना पड़ता है। हनुमानजी कहाँ सहमति देना और कहाँ विरोध करना है, इसमें बहुत जागरूक थे, हम उनसे सीख सकते हैं। जब सुंदरकांड में वे लंका प्रवेश के समय लंका की सुरक्षा की अधिकारी लंकिनी के सामने आते हैं, मच्छर के समान छोटा सा आकार लेकर हनुमानजी लंका में प्रवेश कर रहे होते हैं और लंकनी उन्हें पकड़ लेती है। तुलसीदासजी ने लिखा है—जानेहि नहीं मरम सठ मोरा। मोर अहार जहाँ लगि चोरा॥ हे मूर्ख! तूने मेरा भेद नहीं जाना? जितने चोर हैं, वे सब मेरे आहार हैं। लंकिनी ने हनुमानजी को चोर बोला। बस, यहीं से हनुमानजी ने विरोध का स्वर प्रकट किया। उन्होंने लंकिनी से कहा—तुम मुझे क्या चोर बता रही हो, दुनिया का एक बड़ा चोर तुम्हारा मालिक रावण हमारी माँ सीता को चुरा लाया है। जब सुरक्षा व्यवस्था चोरों की ही रक्षा करने लग जाए, तब हनुमान का विरोध आरंभ होता है। मुष्ठिका एक महा कपि हनी। रुधिर बमत धरनीं ढनमनी॥ महाकपि हनुमानजी ने उसे एक घूँसा मारा, जिससे वह खून की उलटी करती हुई पृथ्वी पर लुढ़क पड़ी। हनुमानजी ने लंकनी को एक मुक्का मारा और उसके मुँह से रक्त निकल आया। यह उनका सीधा विरोध था। इसके पहले मैनाक, सुरसा, सिंहिका से वे अलग-अलग व्यवहार कर चुके थे। गलत के प्रति आवाज उठाना, अनुचित का प्रतिकार करना हनुमानजी के चरित्र में था। हम उनसे यही सीखें कि जब गलत बात हो तो हम विरोध में आगे खड़े हों और सही बात हो तो समर्थन के लिए पीछे न हटें। आमतौर पर लोग तटस्थ हो जाते हैं, इसीलिए उनकी अच्छाई के नीचे भी बुराई पनप जाती है। □

गंदगी गंदगी होती है

फसल उनकी अच्छी होती है, जो भूमि निर्माण सही करते हैं। केवल उपजाऊ जमीन होने से ही काम नहीं चलता, उसको ठीक से जोतना भी आना चाहिए। हमारे जीवन में सद्गुण और बुरे गुणों के बीज रहते ही हैं। दोनों में अंकुरण की बराबर संभावना रहती है। देखा जाए तो नीच कर्म, पाशविक वृत्ति, बुरे विचारों की ओर मन जल्दी मुड़ता है। अच्छे गुणों के संचालन और उनकी वृद्धि के लिए परमात्मा ने एक दैवी-शक्ति हर एक के भीतर दी है। यही शक्ति हमसे सद्कर्म कराती है। हमने प्रकृति के प्रत्येक तत्त्व में एक प्रतिनिधि देवता की कल्पना इसीलिए की है कि उससे हमें शक्ति मिले, जिससे हमारे भीतर की दैवीय शक्ति का विकास हो। उदाहरण के लिए सूर्य की ही बात करें। हमने प्रकृति के इस महत्त्वपूर्ण तत्त्व को देवता मानकर पूजा और इनसे जल चढ़ाकर खूब पॉजीटिव एनर्जी प्राप्त की। परमात्मा ने प्रकृति के माध्यम से यह विधान बना दिया कि सौदा इकतरफा नहीं होगा। यदि प्रकृति के तत्त्वों से ले रहे हो तो देना भी पड़ेगा। दैवी-शक्ति या ब्रह्म-शक्ति मिले तो परोपकार करो, उस देवता को उसका भाग लौटाओ। इसीलिए हमारे यहाँ यज्ञ, मूर्ति, देव स्थान की व्यवस्था की गई है। ये सब सद्कर्मों की अच्छी फसल के लिए खेत जोतने की तैयारी जैसा है। एक बात और है प्रकृति से जितना जुड़ेंगे, सौंदर्य-बोध उतना मजबूत होगा। हमारे कुछ धार्मिक लोगों ने कुरूपता को आध्यात्मिक योग्यता मानने की भूल कर दी। कुछ अपवाद छोड़ दें कि ऐसे फकीर हुए, जिनकी औघड़ता ही उनका सौंदर्य बन गया। लेकिन साधारणतया साधु-संतों ने उजड्ड, औघड़, कुरूपता को तपस्या मान लिया। हमने देवता और देव स्थानों को इतना गंदा बना दिया कि शुद्धता का बोध ही चला गया। गंदा रहकर साधना नहीं हो सकती। गंदगी भीतर और बाहर दोनों की ही, भक्ति में अमान्य रहेगी। इसलिए दैवीय शक्ति को सौंदर्य से भी जोड़े रखें। □

जो भुलाने लायक है, उसे तुरंत भुला दें

अच्छी स्मरणशक्ति का केवल यह अर्थ नहीं है कि बातों को याद रखा जाए। बढ़िया याददाश्त के मायने यह भी होंगे कि जो भुलाने लायक है, उसे भुला भी दिया जाए। ताकत केवल याद रखने में नहीं लगती, उससे ज्यादा ताकत तो व्यक्तियों और स्थितियों को भुलाने में लगती है। स्मरणशक्ति का उपयोग लाभकारी होना चाहिए। हर उस बात को याद रखें, जो खुशी पहुँचाए, चित्त को हल्का बनाए, तबीयत प्रसन्न रखे। जिससे खिन्नता, भारीपन, निराशा, उदासी आती हो, उसे भुलाने में ही भला है। स्मरणशक्ति को भी रिचार्ज करना पड़ता है। इसकी मेमोरी को हमेशा फुल न रखें, खाली करते रहें। रिफ्रेश की कला को याददाश्त से जरूर जोड़ें। जो ज्यादा याद रखते हैं, वो डिप्रेशन में भी जल्दी चले जाते हैं। याददाश्त की साफ-सफाई ठीक से नहीं करेंगे तो एक बीमारी और शुरू हो जाती है। जो जरूरी बातें हैं, वो समय पर दिमाग में नहीं आतीं और ऊटपटाँग, बकवास, इधर-उधर के विचार मस्तिष्क में न चाहने पर आते हैं। स्मरणशक्ति का सही उपयोग नहीं करने के ऐसे ही परिणाम मिलते हैं। एक प्रयोग किया जा सकता है स्मरणशक्ति के सदुपयोग के लिए। सामान्यत: हमारे दिमाग में उन स्थितियों और व्यक्तियों के विचार ज्यादा आते हैं, जिनसे हमारा प्रत्यक्ष, अप्रत्यक्ष संबंध होता है। कुछ ऐसा किया जाए कि विचार के स्तर पर उनसे जुड़ें, जिनसे सीधा संबंध न हो, जैसे प्रकृति और परमात्मा, मनुष्यों और उनके द्वारा निर्मित स्थितियों के अलावा भी संसार में बहुत कुछ है, उनके अस्तित्व से जुड़ें, जैसे—वृक्ष, नदी, पर्वत, ईश्वर का पाषाण रूप। इनसे जुड़ते ही विचार नवीन बनेंगे, निर्दोष होंगे। ये विचार हमको जीवन की गहरी जड़ों तक ले जाएँगे। अभी हम जीवन-वृक्ष के फूल-पत्तों पर टिके हैं। ये विचार स्मृति को ताजगी प्रदान करेंगे, तब आसान होगा याद रखनेवाली बात याद रखना, भूल जानेवाली भूल जाना। □

प्रभुत्व की प्रतिस्पर्धा खतरनाक है

स्त्री को मानवता का नवीनतम संस्करण बताया है। प्रसिद्ध सर्वोदयी चिंतक दादा धर्माधिकारी कहा करते थे—हम जब कोई चीज खरीदने बाजार जाते हैं, तो अकसर सबसे आखरी तर्ज की चीज माँगते हैं। अगर मोटर खरीदते हैं तो आज का या सबसे बाद का मॉडल माँगते हैं। चीज वही बढ़िया है, जो अप-टु-डेट हो, नवीनतम हो। लेटेस्ट मॉडल को बेस्ट मॉडल समझा जाता है। एक स्त्री ने अपने पति से कहा—स्त्री भगवान् की सृष्टि का लेटेस्ट मॉडल है। इसलिए वह हर बात में पुरुष से बढ़िया है। भगवान् ने पहले मनु को या आदमी को बनाया और बाद में स्त्री को बनाया। उसकी सबसे उत्कृष्ट कृति स्त्री है। दरअसल भगवान् ने दोनों को अपनी-अपनी विशेषता के साथ समान ही बनाया है। जब आदमी, औरत एक-दूसरे से एक-दूसरे को श्रेष्ठ बताने और बनाने की कोशिश करते हैं, तब उनकी सृजन ऊर्जा इसी में खर्च हो जाती है। पति-पत्नी के रूप में तो एक-दूसरे पर प्रभुत्व जमाने की प्रतिस्पर्धा चल पड़ती है। जहाँ एक-दूसरे को संपत्ति माना, वहीं व्यक्तित्व खत्म होने लगता है। इसी कारण दोनों पास-पास तो रहते हैं, लेकिन जीवन भर साथ-साथ नहीं रह पाते। जीवन रेल की पटरियों की तरह हो जाता है। दूर से देखो तो एक नजर आती हैं चिपकी हुई, परंतु पास जाकर देखो तो दूरी है। दांपत्य में पति-पत्नी की दूरियाँ ऐसी ही हो जाती हैं। दोनों में बराबरी होना चाहिए, लेकिन बराबरी समान भूमिका की, हैसियत की हो, एकरूपता की नहीं। दोनों एक-दूसरे का रूप लेने का प्रयास न करें, अभी ऐसा हो रहा है। इसी कारण विवाह की डोर बँधी रहने की जगह खिंची-खिंची सी नजर आती है। प्रतिस्पर्धा और खिंचाव कम करने के लिए एक प्रयोग किया जा सकता है। अपना सौंदर्य-बोध शरीर से हटकर आत्मा के तल पर टिकाएँ, प्रकृति के प्रति प्रेमपूर्ण हों तब शरीर के अतिरिक्त भावनात्मक विशेषताएँ दिखने लगेंगी और एक-दूसरे की खूबियाँ एक-दूसरे के काम आएँगी। □

अहंकारी कभी नहीं झुकता

समर्पण जिंदा व्यक्ति का लक्षण है तो अहंकार मुरदे की पहचान है। अहंकारी व्यक्ति किसी के सामने झुकता नहीं है। मुरदे के लक्षण होते हैं कि वह कुछ भी करो, मुड़ता नहीं है, यथास्थिति रहता है। लेकिन आदमी मुड़ना जानता है, इसलिए वह मुड़ता भी है और मोड़ता भी है। तो अहंकार आदमी को अकड़ाकर मुरदा बनाता है और समर्पण आदमी को झुकाकर जीना सिखाता है। जैन मुनि प्रज्ञासागरजी एक जगह इसकी सुंदर व्याख्या करते हैं। गुरुनानक देव ने बड़ी प्यारी बात कही है—नानक छोटे हुई रहो, जैसे नन्हीं दूब। बड़े बिरछ कट जाएँगे, दूब खूब की खूब॥ संतों की ऐसी वाणी भी हमारे अहंकार के सामने व्यर्थ हो जाती है। बड़े बनने की धृष्टता पर हम मर-मिटने को भी राजी हो जाते हैं, लेकिन याद रखा जाए अहंकार के लिए मरनेवाले कभी बड़े नहीं होते। बड़े वे होते हैं, जो समर्पण के साथ जीते हैं। जैसे दही बड़ा। किसी ने दही-बड़े से पूछा—लोग तुम्हें बड़ा क्यों कहते हैं? उसने कहा—सुनिए और दुनिया को सुनाइए। मैं दही में पड़ा हूँ, इसलिए बड़ा हूँ। दही-बड़े की यह आत्मकथा हमें बताती है, पड़े रहने का अर्थ है—समर्पण। समर्पण हमारे भीतर की विशेषताओं को स्थापित करता है। समर्पण का अर्थ आलस्य नहीं है, समर्पण में सीखने के लिए ऊर्जा का जन्म होता है। जो सीख लेते हैं, वे ज्येष्ठ (बड़े) के साथ श्रेष्ठ भी हो जाते हैं और जो नहीं सीख पाते हैं, वे ज्येष्ठ होने पर भी निश्चेष्ट (मृत) हो जाते हैं। समर्पण की एक और विशेषता है कि वह हमें वर्तमान पर टिकाता है। समर्पित होते ही हम अतीत से कट जाते हैं और न ही भविष्य के प्रति अधिक चिंतित रहते हैं। जब अतीत और भविष्य से मुक्त होंगे, तब वह हमारा वर्तमान होगा और वर्तमान में ही जागरण की अनुभूति होती है।

□

लोग आपको आपके व्यवहार से ही जानते हैं

जिंदगी तब और खूबसूरत हो जाती है, जब हम प्रत्येक क्षण को भरपूर जीते हैं। जीवन में जो रस होता है, उसको पूरी तरह से निचोड़ने की कला आना चाहिए। इस पल को पर्याप्त जिएँ और फिर आनेवाले समय में उतरें। इस जीवनशैली के हनुमानजी पारंगत हैं। वे जो जब करते हैं, जमकर करते हैं। चलिए, सुंदरकांड के उस प्रसंग में चलें, जहाँ लंका प्रवेश के अवसर पर हनुमानजी की चर्चा लंकनी से हो रही थी। हनुमानजी ने उसको एक मुक्का मारा। घायल होकर वह हनुमानजी से कहती है—जब रावनहि ब्रह्म बर दीन्हा। चलत बिरंचि कहा मोहि चीन्हा॥ रावण को जब ब्रह्माजी ने वर दिया था, तब चलते समय उन्होंने मुझे राक्षसों के विनाश की पहचान बता दी थी। यहाँ एक शब्द आया है—चीन्हा, अर्थात् चिह्न यानी आइकॉन। इसका सीधा सा अर्थ है—हनुमानजी राक्षसों के विनाश की पहचान थे। वे दुर्गुणों के समापन के आइकॉन हैं। जिस तरह हम लोग अपने संस्थान या काम का एक मोनो, लोगो या आइकॉन बनाते हैं, उसी तरह हनुमानजी सदैव से बुराइयों का विनाश और अच्छाइयों की स्थापना के आइकॉन हैं। हमारे जीवन में उनकी उपस्थिति इसी बात का प्रतीक है। उनकी मौजूदगी का परिणाम था कि अभी-अभी उनसे शत्रुता रखनेवाली लंकनी ने कहा—तात स्वर्ग अपबर्ग सुख धरिअ तुला एक अंग। तूल न ताहि सकल मिलि जो सुख लव सतसंग॥ हे तात! स्वर्ग और मोक्ष के सब सुखों को तराजू के एक पलड़े में रखा जाए तो भी वे सब मिलकर (दूसरे पलड़े पर रखे हुए) उस सुख के बराबर नहीं हो सकते, जो लव (क्षण) मात्र के सत्संग से होता है। यानी लंकनी को हनुमानजी की उपस्थिति सत्संग लगी। हमारे भीतर यदि सद्‌गुण हैं तो हम जहाँ भी खड़े होंगे, आसपास के लोग सत्संग सी अनुभूति करेंगे और यही हमारी उपलब्धि होगी। □

धर्मभीरुता से जरूरी है धर्म-भावना

एक समय था, जब शिक्षा सीमित लोगों का विषय थी। हालाँकि आज भी शिक्षा का विस्तार होना शेष है, लेकिन पुराने समय में किसी भी कारण से अशिक्षित लोग अपनी नैसर्गिक ऊर्जा को धर्म से जोड़ देते थे। इसीलिए मोटे तौर पर यह दृश्य देखने में आता है और कहा भी जाता है कम पढ़े-लिखे लोग अधिक धार्मिक होते हैं। यहीं से गड़बड़ी शुरू हो गई। जिनके पास शिक्षा कम थी, उनके पास धर्म अधिक आ गया, क्योंकि धर्म के ठेकेदारों ने इसका फायदा उठाया। ऐसे लोग धर्मभीरू बन गए। पढ़े-लिखे लोग भी धर्म से जुड़ते हैं, पर उनके भीतर धर्मभीरूता कम और धर्म भावना ज्यादा होती है, इन दोनों में अंतर है। बिल्कुल वैसा ही जैसे आँख बंद करके चलना या खोलकर कदम उठाना। धर्मभीरूता ने कर्मकांड को ही लक्ष्य बना लिया। सिर्फ कर्मकांड परमात्मा तक पहुँचने का साधन नहीं हो सकता। वह शुरुआत हो सकती है, लेकिन यदि केवल धर्मभीरूता रही तो भटकाव निश्चित है। इसीलिए हमारे यहाँ धर्म के द्वारा लोगों में पर्याप्त नैतिक, सांस्कृतिक और सामाजिक चेतना उत्पन्न नहीं की जा सकी। धर्म का असली स्वरूप यह है कि एक दिन इससे भी मुक्त होना पड़ेगा। अधर्म यानी बुरा, अनुचित। धर्म यानी शुभ, अच्छा। परमात्मा तक पहुँचना हो तो एक स्थिति ऐसी आती है, जब अशुभ के साथ-साथ शुभ भी छोड़ना पड़ता है। पाप और पुण्य दोनों से ही मुक्त होना पड़ेगा। यदि पाप आदमी को बाँधता है तो पुण्य भी बंधन का कारण बन जाता है। पुण्य करने के लिए लोग दान-दक्षिणा में उलझ जाते हैं। दान तब कर पाएँगे, जब धन होगा, धन तब होगा जब काम करेंगे। इस वर्तुल से बाहर निकलना ही उस परमशक्ति की उपलब्धि है। इसलिए महत्त्व धर्मभीरूता से अधिक धर्म भावना को दिया जाए।

□

जिज्ञासा ज्ञान का प्रथम सोपान है

जिज्ञासा ज्ञान का आरंभ है। जिज्ञासु लोगों ने ही कर्मकांड को नए स्वरूप दिए। हिंदू संस्कृति में ऐसे लोगों ने कर्मकांड को सँवार दिया। छोटा सा उदाहरण देखें। गणेशजी की प्रतिमा बनाई जाती है और फिर विसर्जित किया जाता है। इसके पीछे बड़ा भारी दर्शन है। एक कर्मकांड से मूर्ति निर्माण किया, पूजा की, उत्सव मनाया और फिर उसी प्रतिमा को विसर्जित कर दिया, यानी कर्मकांड से जुड़े भी और कर्मकांड से मुक्त भी हुए। जिज्ञासा यदि चिंतन और मनन के लिए है तो कर्मकांड ऐसे ही अंधविश्वासों से मुक्त होगा। अपने भीतर जिज्ञासा के तत्त्व को सदैव अपनी पूजा से जोड़े रखना है। व्यर्थ कभी कुछ नहीं होता। पूजा की भी हर क्रिया अर्थ लिये हुए है। जिज्ञासा दृष्टि को सूक्ष्म करती है। अपनी जिज्ञासु वृत्ति को तराशने के लिए पाँच काम जरूर करते रहें—पहला, किताबों को पढ़ें; दूसरा, मौका मिलने पर सत्संग जरूर करें; तीसरा, मनुष्यों की मनोवृत्तियों का अध्ययन करते रहें; चौथा, घटना घट जाने पर उससे अनुभव लेने का प्रयास करें और पाँचवाँ, अपनी भूलों को ढूँढ़ने और स्वीकार करने में विलंब न करें। यहीं से जिज्ञासा ज्ञान में बदल जाएगी। हर मनुष्य के भीतर घटना या व्यक्तियों के प्रति सोचने और प्रतिक्रिया करने का अपना निजी ढंग होता है। यदि ठीक से व्यक्त न हो तो यह भीतर ही भीतर उबाल आने लगता है। जैसे बादलों में पानी भर जाए तो उन्हें बरसना ही है, लेकिन यदि जिज्ञासा की वृत्ति अपने भीतर तराश ली जाए, तब हम अपनी प्रतिक्रियाओं के प्रति अत्यधिक सक्षम, सहज और आनंदित होंगे। जिज्ञासा हमें भीतर से संतुष्ट करेगी और संतुष्ट व्यक्ति बाहर के वातावरण को बोझिल नहीं होने देता।

□

धन का दान आवश्यक है

धर्म धन को शुद्ध करता है, ऐसी शास्त्रों की उद्घोषणा है। धन के साथ दान इसीलिए जुड़ा है। लेकिन जैसे-जैसे समय बदला एक और नया दृष्टिकोण सामने आ रहा है। धर्म ने धन को जितना शुद्ध किया, उतना ही खतरा इस बात का बढ़ गया कि धन भी धर्म को विकृत कर सकता है और अब ऐसा देखने में आ भी रहा है। जब धर्म और धन दोनों के प्रति नीयत खराब हो जाए तो ऐसे परिणाम आएँगे ही। ये दोनों ही जब समझदार और विवेकशील लोगों के हाथ में नहीं होंगे तो एक-दूसरे को विकृत ही करेंगे। मंदिर, तीर्थ, मठ और आश्रम इस समय धनवर्षा की आँधी से हिल रहे हैं। इतना पैसा आया कि पैसे का महत्त्व ही बदल गया। धन और विलास की बड़ी पुरानी दोस्ती है। इसके बीच की लक्ष्मण रेखा का नाम वैराग है। धन लोक-मंगल की जगह निज-हित का हथियार बन गया है। धार्मिक लोगों की कमजोरी दान होती है और धर्म के ठेकेदारों ने इसका खूब लाभ उठाया। धन की शक्ति को भावनाओं की शक्ति और जन-शक्ति से जोड़ा जाना चाहिए। अध्यात्म में धनोपार्जन को बुरा नहीं माना है। धन बीज है और सेवा क्षेत्र में उसका उपयोग बीज का अंकुरण है। धन की भी मृत्यु कराना पड़ती है। जैसे बीज की मौत ही वृक्ष का जीवन है, उसी प्रकार धन की मृत्यु भी उसके उपयोग का नवजीवन होगा। धन को बचाने में मिटाने की कला आनी चाहिए। रोका हुआ जल दुर्गंध मारता है और जमा किया हुआ धन एक दिन अशांति का कारण बनता है। इसके आने और जाने दोनों में एक फ्लो होना चाहिए। इस बहाव को वैराग से जोड़ा जाए। लोभ की लहर धन को गलत तरीके से लाएगी और अनुचित मार्ग से ले जाएगी।

□

परमात्मा परमशक्ति है

शास्त्रों में एक पंक्ति आई है, जिसने जाननेवाले को जान लिया, समझ लें उसने सबकुछ जान लिया, यानी वह परमात्मा सभी के भीतर एक जैसा बैठा है। इसीलिए परमात्मा की शुरुआत दृश्य से होती है। दृश्य यानी मूर्ति, मंदिर लेकिन जैसे-जैसे यह भाव परिपक्व होता है, परमात्मा दृश्य की जगह दृष्टा हो जाता है। संतों ने इसी क्रिया को कहा है कि आत्मा ही परमात्मा है। अपने भीतर उतरिए और गहराई में जाकर उस अंतिम केंद्र पर स्वयं को ही पा लें, बस वहीं भगवान् बैठा है। इसके लिए जिंदगी के सफर की दिशा को बदलना होता है। पाँच बातें इस गति के लिए काम आती हैं। भगवान् महावीर द्वारा चंद्रप्रद्योत को पाँच व्रत दिए गए थे। वे ही व्रत श्रमण और श्रावक जीवन के आधार-स्तंभ बने। उनकी सारी जीवन-दृष्टि इन्हीं पाँच व्रतों पर टिकी है। इन्हीं पाँच व्रतों को ही अपरिग्रह के रूप में हम इन पंच महाव्रतों से वाकिफ हैं। ये महाव्रत कल भी सार्थक थे और आज भी समीचीन हैं। जैन मुनि श्री चंद्रप्रभ व्याख्या करते हैं कि व्रत का अर्थ होता है—'विरत होना या अलग होना'। रत का अर्थ है—जुड़ना या मिलना और विरत का अर्थ है—दूर होना या अलग होना। महावीर इन पाँच व्रतों के माध्यम से हमें पाँच साधनों से अलग या मुक्त रखना चाहते हैं। जैसे कमल की पँखुड़ियाँ कीचड़ से अलग रहती हैं, ऐसे ही महावीर हमें हिंसा, असत्य, चोरी, मैथुन और व्यर्थ के संग्रह के कीचड़ से मुक्त रखना चाहते हैं। इन पाँचों को अपनी सोच से जोड़कर रखना चाहिए, क्योंकि सोच वाणी का आधार बनता है, वाणी व्यवहार का और व्यवहार चरित्र का। यानी मन की सोच चरित्र की कुंजी है। जो अपने चरित्र पर टिक गया, उसे परमशक्ति परमात्मा की अनुभूति शीघ्र हो जाएगी।

□

दुःख-सुख का चक्र गतिमान रहता है

जिंदगी में कुछ बातें बिना आमंत्रण के प्रवेश कर जाती हैं। जैसे जीवन में दु:ख आते ही हैं। चाहते हुए भी सुख को ज्यादा रोक नहीं पाते और दु:ख तो विदाई दे नहीं पाते। दु:ख मिटाने के चक्कर में आदमी खुद मिट जाता है। कुछ दु:ख आदमी खुद आमंत्रित करता है और कुछ दूसरे प्रदान करते हैं। मनुष्य को चूँकि रहना दूसरों के साथ ही पड़ता है, अत: उनके सुख-दु:ख में हिस्सेदारी हो ही जाती है। इसलिए जब भी दु:ख आए, दु:ख को बदलने की कला सीखिए। इसके लिए हमारे भीतर एक अदृश्य सामर्थ्य होती है। इसका उपयोग करना हम साधु-संतों से सीख सकते हैं। संत-फकीरों में एक बात हमसे ज्यादा होती है और वह है भक्ति। वे इससे सराबोर रहते हैं। यह धारा की तरह उनकी नस-नस में बहती है। हमारे जीवन में भक्ति बिजली की कौंध की तरह होती है, चमकी और गुम हो गई। साधु-संतों में भक्ति की निरंतरता रहती है। यदि किसी सिद्ध संत का जीवन देखेंगे तो एक विशेष बात नजर आएगी। इनकी भक्ति की धारा बाहर और भीतर दोनों ओर बहती है। जब ऊर्जा बाहर बहती है तो इनके कृत्यों में हम करुणा, सहिष्णुता और आदर्शवादिता देखेंगे। इनकी मस्ती को देखने की निगाह अलग रखना होगी। इनकी भक्ति की अनुभूति की धारा जब भीतर बहती है तो समाधि जैसी स्थिति बनती है। इसे ही 'होश' कहा गया है। होश वह सामर्थ्य है, जो दु:ख को सुख में बदलने की कला बन जाता है। यह दु:ख हमारे रोजमर्रा के कामकाज में हमारी प्रगति का साधन बन जाएगा। इसलिए अपने भीतर के भक्त को गतिमान रखें। भक्त के लिए दु:ख के अर्थ बदल जाते हैं। वह इसे भी परमात्मा का प्रसाद ही मानता है।

□

हमारी नीयत दिखाती है हमारी सीरत

हमारे व्यक्तित्व में जिस बात का रस भरा होगा, उसके छींटे हमसे मिलनेवालों पर गिरेंगे ही। हमारी साँसों से भी हमारी नीयत प्रकट होती है। हनुमानजी तो भीतर से भक्ति रस से भरे हुए हैं, उनके रोम-रोम में राम हैं। इसी कारण जो उनसे मिलता है, उसे सान्निध्य सुख प्राप्त होता है। उनकी मौजूदगी ही अपने आप में एक संरक्षण बन जाती है। सुंदरकांड में लंका प्रवेश पर हनुमानजी और लंकनी का वार्त्तालाप तुलसीदासजी ने बड़े गहन भाव के साथ लिखा है। वह हनुमानजी से हो रही अपनी इस वार्त्ता को सत्संग बताती है और आगे लंका प्रवेश के लिए हनुमानजी को एक विचार देती है। इस विचार की चौपाई को तुलसीदासजी ने लंकनी जैसी राक्षसी के मुँह से कहलाया है—प्रबिसि नगर कीजे सब काजा। हृदयँ राखि कोसलपुर राजा॥ अयोध्या पुरी के राजा श्रीरघुनाथजी को हृदय में रखकर नगर में प्रवेश करते हुए सब काम कीजिए। इसका सीधा सा अर्थ है, जब घर से बाहर जाएँ, नई जगह में प्रवेश करें, कोई नया काम करें, श्रीराम को अपने हृदय में रखकर, उनका स्मरण जरूर करें। प्रभु स्मरण, आत्मविश्वास बनकर हमारा सहायक हो जाता है। मानस की यह चौपाई अपने प्रभाव के कारण ही मंत्र हो गई। आज भी घरों में बड़े-बूढ़े अपने परिवारवालों को इसे रटा देते हैं। विपत्तियों को छोटी मान लेना ही उसपर विजय जैसा है। हनुमानजी के हृदय में तो श्रीराम पूर्व से थे ही। क्योंकि लंका के लिए उड़ते समय उनके लिए लिखा गया है—यह कहि नाइ सबन्हि कहुँ माथा। चलेउ हरषि हियँ धरि रघुनाथा॥ उन्होंने दो काम किए थे—पहला, श्रीराम हृदय में थे और दूसरा प्रसन्न थे। इसी कारण हनुमानजी की उपस्थिति मात्र से लंकनी के विचार भी दिव्य हो गए। हम अपनी भीतरी स्थिति को जितना पुनीत रखेंगे, बाहर का वातावरण उतना ही शुभ होगा। □

गौरव करें भी तो अहंकार-शून्य होगा

गौरव करने के लिए हमारे पास कई सांसारिक उपलब्धियाँ होती हैं। गौरव करना भी चाहिए। गौरव यदि अहंकार शून्य है तो आत्मबल को बढ़ाएगा। लेकिन एक बात का गौरव सबसे अधिक और आवश्यक रूप से करिए और वह है अपने मनुष्य होने का। धन, पद, संतान और सफलता के गौरव पानी के बुलबुले साबित हो सकते हैं। मनुष्य को परमात्मा ने सीधे अपनी झलक दी है। हमारी जिंदगी एक झील की तरह है, जिसमें उसका कृपा रस भरा हुआ है। यदि गहरे उतरकर देख सकें तो पाएँगे, यह मानसरोवर से भी अधिक धवल, साफ-सुथरी है। इस झील में विहार करने के लिए हंस बनना पड़ेगा, मोती तब ही चुग पाएँगे। सिर्फ मनुष्य के पास यह संभावना है कि वह हंस भी बन सकता है और कौआ भी। हम ईश्वर के प्रतिनिधि हैं, इसलिए पतन से बचना होगा; हमारा हर कदम उत्थान और उत्कर्ष की ओर होना चाहिए। हम ईश्वर के राजवंश के राजकुमार, राजकुमारी हैं। हमारा हर आचरण समृद्ध होना चाहिए। इस झील में विहार के समय जिस नौका की जरूरत पड़ती है, वह गुरु है। गुरुरूपी नाव जीवन-सैर को और सुहावनी, सार्थक बना देती है। महान् तो हम हैं ही, क्योंकि मनुष्य देह मिली है, अब महान् से महानतम बनना है। इसलिए अपने मनुष्य होने पर भरपूर गौरव करें और उसका उपयोग भी करें। मनुष्यता का गौरव परमात्मा की निकटता से आएगा। इसलिए अपने जीवन में अच्छे और बुरे अवसर पर भगवान् को कभी न भूलें। भारतीय संस्कृति में गुरु की परंपरा परमात्मा की नजदीकी का प्रतीक है। हम अपने होने का न भूल जाएँ, इसी का स्मरण गुरु हमें बार-बार कराते हैं। जिन्हें यह याद रहेगा कि हम कौन हैं और किस बात के लिए संसार में आए हैं, वे जीवन के हर क्षेत्र में सफल प्रदर्शन करेंगे। □

आलस्य एक महाशत्रु है

अनुशासित जीवन सफलता का स्वाद अलग ही तरीके से चखता है। अनुशासनहीन व्यक्ति की उपलब्धियाँ भी दोष बन जाती हैं। आलस्य एक बहुत बड़ी अनुशासन-हीनता है। यह धन कमाने के आग्रह का दौर है। यदि दौलत के वास्तविक रूप को ठीक से समझना हो तो स्वयं को आलस्य से मुक्त रखें। हमारी आर्थिक सफलता हमसे हमारे परमात्मा का मूक आग्रह है। अपनी संपत्ति को वैचारिक दरिद्रता से मुक्त रखें। धन अर्जित करने के लिए दो चीजों की जरूरत है। एक, विशेष मानसिक परिस्थिति और दूसरा परिश्रम। जब दौलत का मुँह हमारी ओर मुड़ता है तो मानसिकता बड़ी महत्त्वपूर्ण हो जाती है। अपनी मानसिकता को पाँच चरणों से जोड़े रखें। इन पाँच पायदानों से दौलत बटोरें, सीधे छलाँग की कोशिश, अनुचित मार्ग और अपराध की सुरंग से गुजार सकती हैं। अपनी मनोवृत्ति को सबसे पहले शिक्षा से जोड़ें, यह पहली पायदान है। दूसरी पायदान है योग्यता, क्योंकि यह जरूरी नहीं होता कि शिक्षित व्यक्ति योग्य भी हो। इसके बाद तीसरा चरण है परिश्रम, फिर चौथा आता है सद्विचार और पाँचवाँ पायदान है आत्मबल। धनबल के साथ आत्मबल नहीं रहे तो धन उपद्रव, अशांति का कारण बन ही जाएगा। इसलिए धन के साथ मानसिक परिपक्वता जरूरी है। अपनी मानसिकता पर काम करते समय मस्तिष्क के दो हिस्सों से परिचय अवश्य रखें। हर मनुष्य का बायाँ भाग तर्क, गणित, अधिक समीकरणों से चलता है। दायाँ भाग ज्यादा विचार नहीं करता, उसे संवेदना, भावना से ज्यादा लेना-देना रहता है। मनोवैज्ञानिक कहते हैं, पुरुष अधिकांशत: बाएँ ओर के हिस्से से जीवन जीता है और स्त्रियाँ दाएँ भाग से। इसी कारण स्त्री-पुरुष के वैचारिक तालमेल ज्यादा गड़बड़ाते हैं। इन दोनों के संतुलन से मानसिकता स्वस्थ होती है और धन को इसी स्वस्थ मनोवृत्ति से जोड़ा जाए। □

मन को आँसुओं से धोएँ

जब नाम, दाम, पद, प्रतिष्ठा खूब मिलने लगती है तो तन से पहले इसका प्रभाव मन पर होता है। ऐसे लोगों की बॉडी-लैंग्वेज बदल जाती है; लेकिन इससे बड़ा नुकसान नहीं होता। झंझट शुरू होती है, जब इन उपलब्धियों में मन सक्रिय होने लगता है। धन में अच्छाई, बुराई दोनों होती हैं। उपलब्धियाँ होती ही ऐसी हैं, ये मिल जाएँ तो भी कुछ खो जाता है और ये खो जाएँ तो भी कुछ हासिल हो जाता है। मन की देखने की दृष्टि अलग होती है। वह उपलब्धियों के प्रति आसक्ति पैदा करता है, जबकि हमारा इनसे जुड़ाव उपयोगिता के आधार पर होनां चाहिए। मन को आवश्यकताओं की पूर्ति से अधिक उसके भोग में रुचि होती है। इसलिए जीवन में जब उपलब्धियाँ आएँ तो मन की सफाई जरूर करें। जैसे अतिथि के आने के पूर्व घर की तैयारी की जाती है। मन की सफाई का मतलब वासनाओं का विसर्जन और विवेक का आगमन। भक्ति मार्ग में मन की सफाई के लिए आँसू का महत्त्व बताया है। आप कितने ही प्रतिष्ठित, सफल व्यक्ति हों अपने एकांत में, अपने परमात्मा के सामने आँसू बहाने की तैयारी जरूर रखें। भगवान् के सामने जिन्होंने आँख के आँसू सुखाए, फिर उनका मार्ग पथरीला हो जाएगा। आँसू की एक बूँद भी काफी होती है, मन को धोने के लिए। इस समय तर्क और बुद्धि को दूर रखिएगा, ये दोनों आँसुओं को सुखाने में ही रुचि रखते हैं। यदि जीवन में तृप्ति चाहें तो परमात्मा के सामने आँसू बहाएँ। संसार के सामने आँसू बहाने पर अधिकांश मौकों पर संसार उन आँसुओं का मजाक बनाता है। व्यर्थ जाएँगी ये बूँदें, यदि दुनिया के सामने बहाएँगे और यदि परमात्मा के सामने गिराएँगे तो अमृतकण बन जाएँगे। मन को कभी-कभी एकांत में आँसुओं से जरूर धोएँ।

□

भटकाव में ध्यान अपनाएँ

बचपन से लेकर बुढ़ापे तक सबको अपने-अपने तरीके से समझाया जाता है कि देखो, भटक मत जाना। भटकने का सामान्य अर्थ लिया जाता है—आचरण से भ्रष्ट होना। एक और सामान्य अर्थ है—लक्ष्य से भ्रमित हो जाना। ये सब व्यावहारिक पक्ष हैं, ऊपर की बातें हैं, भौतिक जगत् में इनका अपना महत्त्व है। आध्यात्मिक जगत् में भी इसके संकेत हैं। सबसे बड़ा भटकाव है, जब मनुष्य अपनी ही महत्ता, सत्ता, गरिमा, महत्त्व, योग्यता और क्षमता से भटक जाता है। गोस्वामी तुलसीदासजी की जीवनी देखें तो पता चलता है, जब आदमी अपनी महत्ता पहचान लेता है तो कहाँ से कहाँ पहुँच जाता है। उन्होंने अपने जीवन से हमें समझाया है कि लोग भूल जाते हैं कि हमारे ही भीतर एक दैवीय शक्ति है; आत्मबल है, जिसके भरोसे, आधार पर उसी के सहारे बड़ा-से-बड़ा दुर्लभ काम कर सकते हैं। दरअसल हम अपने भीतर न टिककर दूसरे व्यक्तियों और स्थितियों पर अधिक टिकते हैं। हमारा सारा संचालन दूसरे कर रहे होते हैं। हमारी सारी खुशी और गम दूसरों की क्रियाओं से क्रियान्वित होती है। थोड़ा अपने अस्तित्व पर टिकने का अभ्यास बढ़ाएँ। महर्षि रमण जब देह त्याग रहे थे तो उनके शिष्यों ने उनसे पूछा था, हमें यहीं छोड़कर आप कहाँ जा रहे हैं? अब आपकी यात्रा क्या होगी? रमण ने गूढ़ उत्तर देते हुए कहा था—मैं कहाँ जाऊँगा? ये आप लोग पूछ रहे हो। मैं सदैव से यहीं हूँ और यहीं रहूँगा। मेरा अस्तित्व सदैव वैसा ही रहेगा। अपने शिष्यों को उन्होंने समझाया था—बीज से वृक्ष और फिर वृक्ष से बीज बनता है। नदी सागर में, सागर से जल मेघ से होकर फिर नदी में जाता है। इसमें आत्मा सदा ही रहती है। इस भाव को ध्यान से समझा जाता है। मेडिटेशन हमें हमारे होने का बोध कराता है। भटकाव से बचना हो तो थोड़ा समय मेडिटेशन को जरूर दें। □

सच्चा पुरुषार्थी कौन?

अनुकूल वातावरण मिल जाए और हम सफलता प्राप्त करें तो कोई बड़ी बात नहीं होगी। खास बात तब होती है जब माहौल विपरीत हो, स्थितियाँ चुनौतीपूर्ण हों और हम सफलता हासिल कर लें। खासतौर पर अच्छे सहयोगी, समझदार अनुयायी यदि साथ में हों तो सफल होना आसान है। लेकिन कमजोर लोगों के साथ काम लेते हुए आगे बढ़ जाना ही प्रतिभा है। यदि पुराना इतिहास देखें तो कामयाब लोगों ने कमजोर लोगों को भी योग्य बनाकर अपनी यात्रा में उन्हें जोड़े रखा। अध्यात्म कहता है, हर व्यक्ति के भीतर एक देवत्व होता है। एक ऐसी शक्ति होती है, जिसे सही तरीके से स्पर्श कर लिया जाए तो वही व्यक्ति अद्‌भुत करिश्मे कर सकता है, बस वह निगाह चाहिए, जो दूसरे के भीतर की ऐसी शक्ति को पहचान ले। अपने साथियों, अधीनस्थों, छोटी उम्र के लोगों से संबंध रखते समय उनके भीतर के देवत्व को पहचानने के लिए अपने अंदर तैयारी रखनी चाहिए। उनसे अंतर्संबंध बनाने का लगातार प्रयास करें। एक समानांतर दशा उनके और अपने बीच बनाएँ। जब भी ऐसे लोगों से हम संपर्क में आएँ, इस बात का आत्मचिंतन करते रहें कि इनके भीतर विचार का क्या स्तर चल रहा है। निश्चित ही उनका स्तर हमसे नीचा हो सकता है और इसीलिए झुककर उन्हें ऊपर उठाएँ। ऐसे व्यक्तियों से संपर्क रखते समय आपके शब्द बड़े काम आते हैं। बातचीत में जो संवाद आत्मीयता लिये होंगे, वे आपके और आपके सहयोगियों के बीच सेतू बन जाएँगे। इसलिए ध्यान रखें अपने शब्दों से गंभीरता और संवेदना कम न होने दें। प्रेम के दो बोल बड़े-से-बड़ा परिश्रम सरलता से करा लेते हैं। यह जरूरी नहीं है कि हमेशा योग्य और सक्षम लोग मिल जाएँ। कमजोर और अयोग्य लोगों के साथ काम करते हुए सफलता अर्जित करना सच्चा पुरुषार्थ होगा। □

संघर्ष से डरें नहीं

संघर्ष सभी के जीवन में होता है। संघर्ष को स्थितियों की प्रतिकूलता, अकारण चुनौतियों का आ जाना न मानें। आज के समय में तो संघर्ष एक जीवनशैली है। घर के भीतर हों या बाहर सभी को संघर्ष करना पड़ रहा है, लेकिन कुछ स्थितियाँ हमारे संघर्ष को सरल बना देती है। सुंदरकांड के एक प्रसंग से देखें। लंका प्रवेश के पूर्व लंकनी ने हनुमानजी से कहा था—श्रीराम को हृदय में रखकर लंका में जाइए। इस समय तुलसीदासजी ने चौपाई में लिखा है कि जो श्रीराम को हृदय में रखकर कोई भी काम करता है, चार बातें उसके पक्ष में हो जाती हैं। गरल सुधा रिपु करहिं मिताई। गोपद सिंधु अनल सितलाई॥ उसके लिए विष अमृत हो जाता है, शत्रु मित्रता करने लगते हैं, समुद्र गाय के खुर के बराबर हो जाता है और अग्नि में शीतलता आ जाती है। एक राक्षसी के मुँह से बड़े सिद्धांत की बात कहलाई। विष अमृत हो जाने का अर्थ है—कार्य में सरलता आ जाना। यदि हम संघर्ष कर रहे हों और हमारे शत्रु मित्रता की तरह व्यवहार करने लगे तो संघर्ष के अर्थ बदल जाएँगे। समस्या को बड़ी देखकर आमतौर पर लोग थक जाते हैं। समुद्र के जैसी बड़ी समस्या गाय के खुर की तरह छोटी हो जाना व्यक्ति के लिए आश्वासन है कि हिम्मत मत छोड़ना। आज चारों ओर संघर्ष की तपन है, सब झुलस रहे हैं, ऐसे में शीतलता आ जाती है। आगे लंका में हनुमानजी के साथ यही हुआ था। एक स्त्री के मुँह से तुलसीदासजी ने हनुमानजी को ये बातें इसलिए कहलवाईं कि हनुमानजी भक्त हैं और भक्ति स्त्रैण चित्त से होती है। यों तो हनुमानजी ब्रह्मचारी हैं, पर उन्होंने बताया कि मेरे जीवन की सफलता में माताओं और बहनों का बड़ा योगदान है। जब माताएँ और बहनें हमारी सहयोगी होती हैं, तब जीवन और सुंदर हो जाता है। □

भाव-दशा में जीना सबसे अच्छी पूजा

दुनिया में कई तरह के भ्रम होते हैं, उनमें से एक भ्रम है यह मान लेना कि मुझे सबकुछ आता है। उससे भी बड़ा भ्रम यह है कि मेरे मुकाबले दूसरों को कुछ नहीं आता। यहीं से गड़बड़ शुरू हो जाती है। एक बुरी आदत जीवन में यह उतर जाती है कि अपनी गलतियाँ ढूँढ़ने में रुचि नहीं रहती, सारे दोष दूसरों पर थोपने लगते हैं। जब भी आप किसी जिम्मेदार पद पर हों, हमारे पास कोई महत्त्वपूर्ण कार्य हो तो पहली बात यह करें कि उससे संबंधित सारी जानकारियाँ, ज्ञान जरूर बटोर लें। जानकारी का अभाव बिल्कुल न रखें। आप विशिष्ट और अधिकार संपन्न इसी बात के लिए होंगे कि आपके पास अन्य के मुकाबले उस विषय की जानकारी अधिक होगी। यदि हम खुद सुलझे हुए नहीं होंगे तो दूसरों की मदद किस प्रकार कर सकेंगे। लगातार अपनी आत्म-समीक्षा करते रहें। अपनी जानकारियों को अपडेट करते रहें। बहुत कम लोग समझ पाते हैं कि पूजा एक तरह का अपडेशन होती है। प्रतिदिन की पूजा में नवीनता बनाए रखें। भारतीय शास्त्रों ने कहा है, भक्ति के प्राण उसकी नवीनता में बसे हैं, इसे बासी बिल्कुल न होने दें, वरना हम थोड़ी भी चुनौती आने पर चिड़चिड़े हो जाते हैं, तनावग्रस्त बन जाते हैं। पहली बात, यह भ्रम न पालें कि हमें सब आता है और दूसरों को कुछ नहीं आता ऐसा विचार छोड़ दें। जितनी भी देर आप पूजा करें, पूरी तरह डूबकर उसे नवीन बनाएँ। एक भाव-दशा में जीना सबसे अच्छी पूजा है। पूजा में बैठकर अपने भीतर की स्थिति का मूल्यांकन करें, जितना हम भीतर उतरकर पूजा करेंगे, उतने ही हम नवीन होते जाएँगे। परमात्मा को फूल, वस्त्र और भोग ताजा लगाते हैं तो स्वयं भी बासी बनकर न चढ़ें।

□

विलासी के लिए धन का क्या मोल

दरिद्रता का अर्थ सामान्य रूप से धन का अभाव माना जाता है, लेकिन इस दरिद्रता को मिटाया भी जा सकता है। जब आदमी धन कमाने पर उतरता है और केवल धन के दारिद्र्य को ही मिटाना चाहता है तो वह सही-गलत दोनों रास्ते चुन लेता है। उसके लिए धन ही सबकुछ होता है, किंतु जब हमारे जीवन में परमात्मा उतरे, हम भक्ति के मार्ग से जीवन को जीने लगें, तब हमें समझ में आता है कि अहंकार, धर्मांधता, निरक्षरता, मिथ्या प्रदर्शन, अंधविश्वास, मूढ़ता और रूढ़िवादिता ये सब भी दरिद्रता के रूप हैं। इनमें से जो भी लक्षण हमारे जीवन में रहेगा, समझ लीजिए गरीबी हमें छू रही है। धन से मिटी हुई दरिद्रता इन कुलक्षणों के होने पर भी बनी रहेगी और यह बहुत खतरनाक है। किसी भी भक्त को इन लक्षणों के होते हुए परमात्मा मिलना मुश्किल है और यदि हम सच्ची भक्ति कर रहे हैं तो इन लक्षणों से मुक्त होकर न सिर्फ हम परमात्मा को स्पर्श कर रहे हैं बल्कि अपने देश, समाज और परिवार की भी सही सेवा करेंगे। इन्हीं कुलक्षणों के कारण हमारी निरक्षरता ने हमें अस्वच्छ स्थानों पर रहने को मजबूर कर दिया है। बच्चों के जीवन में हम शिक्षा का महत्त्व नहीं समझ पाते। कुछ बीमारियाँ अकारण ओढ़ लेते हैं। मांगलिक कार्यक्रमों में अकूत धन व्यर्थ खर्च करते हैं। मृत्यु भोज दिखावे का काम बन जाता है। धन को कर्ज से जोड़ देते हैं तथा अदालत और विलासी जीवन पर बेकार में धन खर्च कर बैठते हैं, यह हमारी असली गरीबी है। पैसे की कमी किसको नहीं होती, बड़े को बड़ी और छोटे को छोटी होती है। धन अभाव का भाव लेकर आता ही है। सभी चाहते हैं, जो है उससे ज्यादा मिल जाए, लेकिन अपनी असली गरीबी मिटाने के लिए जरूर प्रयास करिए। परमात्मा धन कमाने के लिए नहीं रोकता, लेकिन वह भी चाहता है, कुलक्षणों से मिली गरीबी समय रहते मिटा ली जाए। □

सपने जरूर देखें

जिंदगी में अवसर और काम को निपटाने के साधन कई लोगों को समान रूप से उपलब्ध होने के बाद भी वे इसका लाभ नहीं उठा पाते और कुछ लोग उन्हीं स्थितियों में सफलता प्राप्त कर जाते हैं। केवल साधन होने पर सफल हो जाएँ, यह जरूरी नहीं होता। साधनों के सहारे कामयाबी स्थायी भी नहीं रहती। इसके पीछे एक बड़ी शक्ति काम करती है और वह होती है—आदमी की योग्यता। इसी को कहीं प्रतिभा कहा है, कुछ लोगों ने मेधा बोला है और अंग्रेजी में इसी का नाम टेलेंट दिया गया है। यदि आपने अपनी प्रतिभा को बचा लिया है और सही उपयोग करना आ गया है तो साधन और अवसर का आप पूरा लाभ उठा सकेंगे। अच्छे स्वप्न देखें और बड़े दायित्वों को अपने ऊपर लेने की तैयारी हमेशा रखें। यदि सपने देखेंगे तो बड़े लक्ष्य भी गढ़ सकेंगे। लक्ष्य बड़े होंगे तो अपने पुरुषार्थ पर जोर देंगे। कई लोगों का जीवन बीत जाता है और उन्हें पता नहीं चल पाता कि उनका लक्ष्य क्या है। हमेशा बड़े दायित्व अपने कंधों पर रखने की इच्छा मनुष्य को कर्मठ बनाती है। बड़ी जिम्मेदारियों से भागने की कोशिश न की जाए। हिंदुओं में अवतार की परंपरा को यदि बारीकी से देखें तो दायित्व-बोध का अर्थ समझ में आ जाएगा। ईश्वर अवतार लेकर लोकहित की बहुत बड़ी जिम्मेदारी अपने ऊपर लेता है और इसीलिए भगवान् अपने भक्तों से यह अपेक्षा करते हैं कि जिम्मेदारियों से मुँह मत मोड़ना। सपने देखो और उन्हें जरूर पूरा करो। जब योग्यता और अवसर आपस में मिल जाते हैं, तब न सिर्फ आप अपना स्वयं का हित करते हैं, बल्कि दूसरों के लिए भी उपयोगी साबित होते हैं। परहित तभी किया जा सकता है, जब हम सक्षम हों। योग्यता और साधन मिलकर मनुष्य सुव्यवस्थित और सुनियोजित बनता है और ये लक्षण शत प्रतिशत सफलता के हैं। □

विलास से आलस्य आता है

जब हम खूब परिश्रम कर रहे होते हैं, उस समय काम के दबाव में व्यावहारिक लक्ष्य तो याद रहता है, लेकिन जिंदगी से जुड़ी कुछ जरूरी बातें भूल जाते हैं। इसलिए कितने ही व्यस्त रहें अपनी जीवन रक्षा के लिए काम आनेवाले सूत्र कभी न भूलें, क्योंकि ऐसे कई लोग हैं, जिन्होंने बहुत कुछ पा लिया, पर जिसको जीवन कहते हैं; वो खो दिया। चलिए, आज सिर्फ एक ही समस्या की बात करें और वह यह है कि जब बहुत नाम, दाम मिल जाए तब विलास से बचिएगा। ऐसे समय वासना चिपक जाती है। विलास का अगला कदम आलस्य होता है। विलासी आदमी के भीतर एक ऐसा आलस्य उतर जाता है, जो उसको सद्कर्मों से तोड़ता है। हमारे खाने, रहने, पहनने, नौकर-चाकर की सेवा लेने, उत्सव, आयोजनों में अधिक भाग लेने, अत्यधिक दान करने जैसी वृत्तियों को जीवन में उतारते समय विलासिता से जरूर बचें। ये सब जीवन के जरूरी काम हैं और इन्हीं मार्गों से वासनाएँ प्रवेश की तैयारी रखती हैं। वासनाओं को अपव्यय, हैसियत से अधिक खर्चा कराने की तासीर होती है। आदमी अपनी औकात से ज्यादा वासनाओं की चपेट में आने पर ही खर्च करता है। इसलिए बहुत अधिक व्यस्त रहते हुए इस बात की सावधानी रखें कि इन दैनिक क्रियाकलापों में विलासिता का प्रवेश न हो। एक छोटा सा आध्यात्मिक प्रयोग है। अपने कार्य में लोभ, लगाव की जगह वात्सल्य भाव उतारें। भक्ति में वात्सल्यता का बड़ा महत्त्व है। माँ को अपनी संतान से ऐसा ही भाव होता है। ठीक ऐसी रुचि हम अपने कर्म और उसके परिणाम के प्रति रखें। वात्सल्य बिना शर्त का प्रेम-दान जैसा होता है। इस भाव के उतरते ही हमारी सारी क्रियाएँ पवित्र हो जाएँगी, वासनाओं के प्रति हम निडर रहेंगे और जीवन के प्रति आनंदित। □

आत्मविश्वास है असली संबल

अपनी स्वतंत्रता और दूसरे की गुलामी इनसान की पुरानी पसंद है। इस मनोविज्ञान को हालात में बदलकर पुरुष समाज ने अधिक लाभ उठाया है और परतंत्रता को स्त्रियों से जोड़ दिया गया। अपने देश के स्वतंत्रता दिवस पर आध्यात्मिक दृष्टि से विचार डालें तो हमें इस समय मनुष्य की स्वतंत्रता पर भी विचार करना चाहिए। हम भौगोलिक रूप से स्वतंत्र हुए, मानसिक परतंत्रता से मुक्त नहीं हो पाए। इसकी कीमत जिन-जिन लोगों ने चुकाई, उसमें एक बड़ा वर्ग माताएँ और बहनों का है। आज भी स्त्री और पुरुष यदि दोनों अविवाहित हैं तो समाज की नजर दोनों के लिए अलग-अलग रहेगी। ज्यादातर मौकों पर ऐसा होगा कि अविवाहित नारी से पूछा जाए कि आप कुँवारी क्यों रह गईं? तो जवाब होगा, इसलिए कि शादी नहीं हो पाई, क्योंकि उसका आत्मनिर्णय यहाँ पर काम नहीं कर रहा होता है। ठीक ऐसे ही कुँवारे पुरुष से पूछें कि अविवाहित क्यों रह गए? तो वह कहेगा कि शादी करना ठीक नहीं समझा। अधिकांश मौकों पर यह पुरुष का स्वयं का निर्णय होगा। हमारे समाज में आदमी का संन्यास हो या ब्रह्मचर्य, उसकी स्वेच्छा से होता है, जबकि स्त्रियों का अविवाहित रहना या विधवा हो जाना एक विवशता है। जीवन में जितनी लाचारी होगी, उतना ही सम्मान कम होगा और माताओं-बहनों के साथ ऐसा ही होता है। यह भी सही है कि पूजा-पाठ, धर्म-कर्म में नारी वर्ग अधिक संलग्न रहता है। आज भी स्त्रियाँ पूजा-पाठ के मामले में कर्मकांड से अधिक जुड़ी हुई हैं, इसलिए वे केवल शरीर पर अधिक टिक गईं। माताएँ-बहनें जितना मन और आत्मा पर काम अधिक करेंगी यानी योग, प्राणायाम, ध्यान से जुड़ेंगी, उतना वे स्वतंत्र रहेंगी और स्वतंत्रता के अर्थ भी उनके लिए बदल जाएँगे। ध्यान की अवस्था स्त्रियों को प्राप्त भी जल्दी होती है और पुरुष के मुकाबले परिणाम भी अधिक दिव्य होंगे। स्वतंत्रता के लिए जिस आत्मविश्वास की जरूरत है, वह इसी योग-पथ से प्राप्त होगा। □

परमात्मा से करें आदान-प्रदान

परमात्मा का लौकिक स्वरूप हमें मौलिक बनाने में बड़ी मदद करता है। इसीलिए हमने मंदिरों में मूर्तियाँ बनाईं, अवतार कथाओं को जीवन से जोड़ा। इन दिव्य आत्माओं को हम अपने जीवन में इस प्रकार उतारें कि हमारी मौलिकता निखरकर आए। अधिकांश लोग दुनिया की दौड़-भाग में दूसरों को देखकर उन्हीं के पीछे भाग रहे हैं। दूसरों ने धन और पद कमाया तो हमें भी यही करना है, दूसरे खूब पढ़े-लिखे तो हमें भी पढ़ना है। याद रखें अच्छी बातों का अनुसरण जरूर किया जाए, लेकिन हमारे पास अपने मौलिक उद्देश्य होना चाहिए। दूसरे कमा रहे हैं, इसलिए धन न कमाया जाए, बल्कि धन जरूर कमाया जाए और उसके उपयोग तथा कमाने के पीछे हमारा अपना मौलिक चिंतन होना चाहिए। इस मौलिकता को लाने के लिए थोड़ा परमात्मा से भी आदान-प्रदान किया जाए। दुनिया में रहते हुए हम लोगों से लेन-देन करते हैं भौतिक वस्तुओं का, स्थितियों और चिंतन का भी। इसीलिए हम नकल करने में उस्ताद हो जाते हैं, लेकिन यदि आदान-प्रदान परमात्मा से भी किया जाए तो हमारे भीतर मौलिकता उतरेगी। ईश्वरीय सत्ता की अनुभूति हमें जितनी निकटता से होगी, हमारे भीतर आनंद और उल्लास उतना ही अधिक होगा। दुनिया की धक्का-मुक्की में बेशक दौड़ लगाइए, लेकिन कभी-कभी बीच में रुक जाएँ, थोड़ा सा बैठ जाएँ और अपनी क्रिया-शक्ति की मौलिकता पर विचार करें। लगातार अपने अंतरमन से पूछें, जो कुछ हम कर रहे हैं, आखिर यह सबकुछ किसलिए है। इस किसलिए में जिंदगी के कई सुंदर उत्तर छिपे हुए हैं। थोड़ा-थोड़ा मेडिटेशन हमारी कल्पनाओं को साकार होने में अद्भुत रूप से मदद करेगा।

□

संग्रह की अति से बचें

भारतीय संस्कृति ने एक सुंदर शब्द दिया है—अपरिग्रह। इसका सैद्धांतिक अर्थ तो यह है कि बहुत अधिक संग्रह की वृत्ति न रखें, लेकिन सामान्य बात यों समझी जाए कि किसी भी चीज की हवस उस चीज के सही आनंद को खत्म कर देगी। दौलत की हवस दौलत का असली मजा खा जाती है। इस वक्त लोगों ने अपनी सारी बुद्धिमानी, चातुर्य, योग्यता और शक्ति को अपने भोग की पूर्ति में लगा दिया है। धन कमाने का उद्देश्य यही बन गया कि बस मौज कर सकें। बचत की वृत्ति भी इसीलिए कम होती जा रही है। आज खाओ-पिओ, कल किसने देखा। इसी कारण कई बड़े देश आर्थिक रूप से कमजोर हो गए। ऐसे अनेक मुल्क हैं, जिनके पास भौतिक विकास की, भविष्य की शानदार योजनाएँ थीं, लेकिन जीवन के प्रति दृष्टि नहीं थी। भारत ने हमेशा से किसी भी प्रगति और विकास का विरोध नहीं किया, बस एक बात जोड़ने का आग्रह भारतीय संस्कृति सदैव करती है कि जो भी करो उसमें जीवन की उच्चता जरूर शामिल हो और इसीलिए अपरिग्रह को हमने बड़ा मान दिया है। कम संग्रह करें, लेकिन जो हो, वह महत्त्वपूर्ण हो। हम इस समय अपने आसपास इतना फालतू इकट्ठा कर चुके हैं कि उसके बोझ से लड़खड़ा रहे हैं। अपरिग्रह का भाव हमारे भीतर मजबूत होगा तो हम अपनी ही संपत्ति के प्रति स्वयं को ट्रस्टी के रूप में देखेंगे। अपरिग्रह के भाव को मजबूत करने के लिए साधु-संगति अधिक करें। कोई संत यदि एक बार हमारे ऊपर दृष्टि डाल दे, वह ज्यादा महत्त्वपूर्ण होगा बजाय इसके कि दुनिया सर पर बैठाकर हमारी जय-जयकार करे। जितना असली फकीर को हम ढूँढ़ेंगे, उतना ही हमारे भीतर अपरिग्रह का भाव मजबूत होगा और हम अशांति से दूर रह सकेंगे।

□

धन पर बाँध बनाएँ

नदी पर बाँध बनने से ऊर्जा और सिंचाई जैसे काम अच्छे से संपन्न होते हैं। ऐसे ही धन पर भी बाँध बनाना होगा। इसका अर्थ यह नहीं है कि धन को रोका जाए। अनुशासन और नियमपूर्वक धन के साथ व्यवहार किया जाना ही उसपर बाँध बनाने जैसा है। धन और नदी की गति एक जैसी चलती है। इसमें बाढ़ भी आती है और सूखापन भी है। यह नदी नष्ट, कष्ट और संतुष्टि तीनों प्रदान करती है। जैसे ही धन हमारे जीवन में आता है, कई बातों के उत्तर मिलने लगते हैं और कई सवाल भी खड़े हो जाते हैं। हर चीज के दो पक्ष बन जाते हैं। इसलिए धन के मामले में सदैव एक बात पर दृढ रहिए कि जब भी पक्ष लेना पड़े, धर्म का पक्ष लीजिए। अधर्म जीवन में जिन मार्गों से प्रवेश करता है, उनमें से एक धन का भी है। इसलिए सावधानी रखना जरूरी है। धन प्राप्त करने में ही बुद्धिमानी नहीं लगती, उसको बचाने में भी ताकत लगती है और सबसे ज्यादा योग्यता लगती है उसको खर्च करने में। इन तीनों का संतुलन बिगड़ा और दौलत ज्वालामुखी का ढेर बन जाएगी। खुद की अग्नि में खुद ही का भस्म हो जाने जैसा मामला बन जाएगा। धन संसार से संबंध बनाता है। हमारे भीतर जितनी आध्यात्मिक वृत्ति परिपक्व होगी, धन के संबंध में हम संसार और संसार बनानेवाले के मामले में पूरा लाभ उठा सकेंगे। धन एक तरफ संसार से जोड़ता है, उस धारा का नाम राग है। राग को परमात्मा से जोड़ने के लिए अनुराग पैदा करना होता है और जैसे ही हम परमात्मा से जुड़े तो वैराग्य जागता है। राग, अनुराग और वैराग, ये तीनों मिलकर धन का सदुपयोग सिखाते हैं। दौलत खूब मजा देगी, यदि हम इन तीनों से ठीक से परिचित रहेंगे।

□

परेशानियाँ ज्यादा बड़ी नहीं होतीं

हमारा व्यवहार संसार का व्यवहार है। दुनिया जैसा करती है, जैसा चाहती है, वैसा हम करने लगते हैं। इस मामले में जो लोग व्यवहारकुशल होते हैं, वे दुनिया में खूब कामयाब हो जाते हैं। इसी प्रकार हमारा स्वभाव परमात्मा का स्वभाव है। इस बात को जितना हम ठीक से समझ लेंगे, उतना ही हम दूसरों के प्रति विनम्र और प्रेमपूर्ण हो जाएँगे; क्योंकि यदि मेरा स्वभाव, परमात्मा का स्वभाव है तो हर प्राणी में परमात्मा है और उसका भी स्वभाव मेरे जैसा ही होगा, यह भाव हमारे भीतर उतरने लगता है। पूरा अस्तित्व हमें अपना लगने लगता है। यह एक बहुत बड़ा और गहरा विचार है। हम यदि अपने स्वभाव को परमात्मा के स्वभाव से जोड़ लेते हैं तो थोड़े दिन बाद हम वैसा ही अनुभव करने लगते हैं। आदमी वही बन जाता है, जो वह अपने को मानता है। स्वभाव गहरे रूप में परिणाम देने लगता है। चूँकि हम एक विराट् से अपने को जोड़कर रखते हैं, इसलिए हम भी विराट् हो जाते हैं। नास्तिक और आस्तिक में भेद ही यह है। आस्तिक हमेशा इसलिए मस्त रहेगा कि उसने भगवान् में विश्वास ही नहीं किया है, उसने अपने आप को भगवान् से जोड़ा भी है। नास्तिकता के साथ आपत्ति यही है कि वह परमपिता के साथ अपने जुड़ाव को नकार देते हैं। यहाँ मामला नैतिकता से अधिक स्वभाव का है। इसलिए स्वभाव के स्तर पर भगवान् से जुड़े रहें। हम संसार में रहते हैं, परेशानियाँ आ ही जाती हैं, पर यदि हम भगवान् से जुड़े हैं तो हम उस परेशानी, दिक्कत, संकट को गहराई में नहीं लाएँगे, क्योंकि गहरे में तो भगवान् बैठा है। परेशानियाँ उतनी बड़ी नहीं होतीं, जितना मनुष्य खुद से जोड़कर उसको बड़ा बना देता है। यदि जुड़ाव परमशक्ति से है तो अपने आप संकटों से कटना हो जाएगा। हम संघर्षशील और पुरुषार्थी व्यक्ति होंगे, साथ में धार्मिक, विनम्र और विवेकशील भी रहेंगे। □

माया को भी समझें

केवल जन्म लेने से जिंदगी पूरी नहीं हो जाती, यह तो सिर्फ एक घटना है। जन्म को जब सँवारा जाता है तब जीवन शुरू होता है, वरना पैदा तो पशु भी होते हैं, लेकिन जिसे जीवन कहते हैं, उसका अधिकार मनुष्य के पास है। जन्म को जीवन में बदलने की संभावना श्रीकृष्ण के चरित्र में जन्माष्टमी के दिन अच्छे से देखी जा सकती है। आधी रात को उत्सव मनाए जाने का अर्थ है—जीवन के अंधकार के प्रति विद्रोह। श्रीकृष्ण के जीवन को देखें तो उनके अनेक निर्णय विद्रोह की घोषणा हैं। भारतीय संस्कृति में अवतारों ने अपने जन्म को भी बड़े सुंदर संदेश के साथ प्रस्तुत किया है। राम भरी दोपहरी में आए थे और कृष्ण घोर अंधकार में। दोनों ने ही आश्वासन दिया कि हमारे जीवन में प्रकाश है, तब भी परमात्मा आएगा और दुर्गुणों का अँधेरा होगा तब भी वह प्रवेश करेगा, भरोसा बनाए रखिए। श्रीकृष्ण के जन्म के पूर्व एक घटना घटी थी। उन्होंने योगमाया से कहा था कि मैं जन्म तो मथुरा में कारावास में लूँगा और माध्यम होंगे देवकी-वसुदेव। उसके बाद मुझे गोकुल पहुँचाया जाएगा और योगमाया यशोदाजी के यहाँ जन्म लेंगी। आधी रात को वसुदेव कृष्ण को वहाँ रखेंगे और माया को मथुरा ले आएँगे तथा उसी माया का वध कंस करेगा। इस छोटी सी घटना में बड़ा संदेश यह है कि कृष्ण के आने के पहले माया आई थी। परमात्मा को जब हम जीवन में लाते हैं तो माया को समझना होगा। मायापति के पहले माया का प्रवेश होता है। माया का सीधा अर्थ है—जादू। इसी जादू से भ्रम, भेद पैदा होता है। हमारे जीवन में कृष्ण जन्म का अर्थ होना चाहिए—सबके प्रति समानता का भाव। कृष्ण ने मनुष्यों को कभी उपकरण नहीं माना। उन्होंने जीवन के हर क्षण, पहलू और इनसान को भरपूर जीया था। हम आज भरपूर जीने में चूक रहे हैं। □

सत्य की प्रतीति मौन से होती है

ऐसा कहा जाता है सत्य व्यक्त नहीं होता, इसको अनुभव करने के लिए मौन से गुजरना पड़ता है, लेकिन फिर भी हमारे महात्माओं ने संसार को सत्य समझाने के लिए अपने आपको मुखर किया। वे जानते थे, अपरिपक्व लोग सत्य की मौन की भाषा नहीं समझेंगे, बोलना ही पड़ेगा। और न सिर्फ बोलना बल्कि चिल्लाना भी पड़ सकता है। इसलिए कई संत तो चिल्ला-चिल्लाकर संसार के लोगों से बोले हैं—जाग जाओ! संत जीवन में आए और जो सोता रहे, समझ लीजिए वह राक्षस वृत्ति का है और जो जाग गया, उसके ऊँचे उठने की संभावना है। चलिए, इस प्रसंग को सुंदरकांड से समझते हैं। हनुमानजी लंका में प्रवेश कर चुके हैं। वे सीताजी को ढूँढ़ रहे हैं और तुलसीदासजी ने लिखा—मंदिर मंदिर प्रति करि सोधा। देखे जहँ तहँ अगनित जोधा।। उन्होंने हर महल की खोज की, सभी जगह असंख्य योद्धा नजर आए। अब वे रावण के महल में गए। तब तुलसीजी ने चौपाई लिखी—सयन किएँ देखा कपि तेही। मंदिर महुँ न दीखि बैदेही॥ हनुमानजी ने रावण को शयन करते देखा, परंतु वहाँ जानकीजी नहीं दिखीं। हनुमानजी जीवन में आएँ और रावण सोता रहा। संत और भगवंत का प्रवेश हो जाए और मनुष्य सोता रहे तो समझ लीजिए, आपके भीतर रावण आ गया है। कुछ लोग कहते हैं, तुलसीदासजी ने रावण के महल को मंदिर क्यों लिखा। दरअसल हनुमानजी की दृष्टि इतनी निर्दोष थी कि वे सभी स्थानों में मंदिर के जैसा पवित्र भाव रखते हैं। दूसरी बात यह है कि जहाँ हनुमानजी आ जाएँ, वहाँ के स्थानों को फिर मंदिर जैसी दिव्यता प्राप्त होनी ही है। रावण का महल भी उनकी नजर पड़ते ऐसा हो गया। हमारा घर-परिवार भी कई बार रावण वृत्ति से संचालित होता है, ऐसे में हनुमानजी की उपस्थिति उसे मंदिर जैसी प्रतिष्ठा दिला देगी। □

जीवन और मृत्यु का चक्र

जीवन और मृत्यु को यदि सही अर्थ में हम समझ लें तो व्यर्थ के कई कार्य हम करेंगे ही नहीं। हमारा अधिकांश जीवन उन गतिविधियों में गुजर जाता है, जो सचमुच हमारे जीवन के किसी काम की नहीं होतीं। एक पुराने प्रसंग को स्वामी सत्यमित्रानंदजी बड़े नए ढंग से समझाते हैं। घटना इस प्रकार थी—महर्षि वेदव्यास अपना पावन ग्रंथ लिख रहे हैं। दीपक जल रहा था। दीपक के ऊपर पतंगा आया। दृष्टि रुक गई, व्यासजी ने देखा और अद्‌भुत बात लिखी है कि दीपक के ऊपर पतंगा, उसे खाने के लिए मेढक दौड़ा, मेढक को पकड़ने के लिए साँप दौड़ा और साँप को पकड़ने के लिए मयूर भागा। मयूर के पीछे शेर लग गया, सिंह को पकड़ने के लिए शिकारी चला तथा शिकारी के पीछे काल दौड़ा। सारे संसार की चोटी काल के हाथ में। अपने-अपने आहार की खोज में एक के पीछे एक दौड़ रहे हैं, परंतु यह किसी ने विचार नहीं किया। यदि विचार किया होता तो पाप अपने आप छूट जाते। सोचिए, कल मुझे जाना पड़ेगा तो इतने छोटे जीवन के लिए मैं अपराधी क्यों बनूँ? आप निश्चित मानिए कि संसार का कोई व्यक्ति यह नहीं कह सकता कि मुझे कब जाना है। अच्छे-अच्छे ज्योतिषी भी नहीं जानते। प्रत्येक का जब आगमन हो गया तो प्रस्थान भी होगा। मानव-जीवन कब अंतिम पड़ाव पर पहुँचकर प्रस्थान करेगा, यह कोई नहीं जानता। इसलिए विचार करने की आवश्यकता है। अत: निरंतर परमात्मा का स्मरण करते रहें। मनुष्य जीवन का उद्‌देश्य है ईश्वर-लाभ। सच तो यह है कि हमारा पूरा अस्तित्व बिना परमात्मा के अर्थहीन है। ईश्वर की अनुभूति हमें मृत्यु के भय से मुक्त कराएगी। हम मृत्यु से काँपते हुए मनुष्य न बनें, बल्कि उसको स्वीकार करके जीवन का सही अर्थ समझते हुए भरपूर जीएँ। □

संसार में रहना ईश्वरीय कार्य है

सामान्यत: हम अपने शरीर के अंगों का उपयोग करते समय आदेश की मुद्रा में रहते हैं। ऐसा देखा गया है कि हम आदेश देते हैं और हमारे शरीर का अंग वही काम करता है। हम चाहते हैं तो हाथ सक्रिय होता है, पैर चलते हैं। यदि ये अपने आप क्रियाशील हो जाएँ और हमारा इन पर नियंत्रण न रहे तो समझ लें बीमारी की शुरुआत हो गई, लेकिन मन के मामले में थोड़ा उल्टा है। मन अपना अधिकार हम पर जमा लेता है और यहीं से गड़बड़ शुरू हो जाती है। जैसे ही हम संसार की गतिविधियों के परिणाम पर मन के कहने से अपना अधिकार मान लेते हैं, तनाव के दिन शुरू हो जाते हैं। जैन मुनि तरुण सागरजी एक जगह कहते हैं—तुम नदी में नहाते हो, सैकड़ों टन पानी तुम्हारे सिर पर होता है, लेकिन उसका वजन मालूम नहीं पड़ता, परंतु जब पानी को घड़े में भरते हो और उसे अपना मानकर सिर पर रखते हो तो वह पानी भार हो जाता है। भार अपना मानने में है। संसार में रहना पाप नहीं है, भोजन में भजन को भूल जाना पाप है। जरूरत पाप नहीं है, जरूरत से ज्यादा रखना पाप है। चीजों को जरूरत के रूप में इस्तेमाल करो, उन्हें विलासिता के रूप में अपनाने की जरूरत नहीं है। जब शरीर पर हम अपना अधिकार रखते तो हम सारे काम जरूरत के मुताबिक करेंगे और जब मन का हमारे ऊपर अधिकार होता है, तब वासनाएँ हावी होती हैं, जीवन में विलास आता है। जो मन मात्र एक उपकरण है, वह मालिक बन जाता है। इसलिए बहुत कुछ हमारे मानने पर निर्भर है। हमारा शरीर हमारी बात माने तो परिणाम दूसरे मिलेंगे और हम मन की बात मानें तो हालात दूसरे होंगे।

□

शालीनता है अनमोल गुण

कई बार ऐसा होता है कि स्थितियाँ अनुकूल होती हैं, जीवन में सबकुछ ठीक चल रहा होता है, बावजूद इसके हम खुश नहीं रहते। कुछ लोगों से यदि पूछा जाए कि आपकी उदासी का कारण क्या है तो वे बता नहीं पाते, बस इतना जानते हैं कि हम खुश नहीं हैं। भारतीय संस्कृति में एक शब्द है—सौजन्य। इसे जो ठीक से जी लेंगे, वे खुश रहेंगे और खुश रखेंगे भी। खुश रहने के लिए अपने आप को बहाना पड़ता है। जैसे माँ अपनी संतान में बहती है और खुशी महसूस करती है। इस बहाव में बहने के लिए माँ की ममता काम कर रही होती है। इसलिए हमारे भीतर यदि प्रेम जागे तो हम दूसरों को अनुमति देते हैं कि वे हमारे भीतर बह सकें और हम भी दूसरों में लहर की तरह बहने लगते हैं। संत रविशंकर महाराज रावतपुरा सरकार सौजन्य का अर्थ करते हुए कहते हैं—जीवन में जब सुजनता, भद्रता और नम्रता आ जाए, तब सौजन्य शुरू होता है। आज सौजन्यता मनुष्य के भीतर से जा रही है, उसका सबसे बड़ा नुकसान हुआ मानवता क्षीण होने लगी। मानव जाति बढ़ी, मानवता कम हो गई। सौजन्य जाने से व्यक्ति की शालीनता गई और व्यक्ति दूसरों के प्रति ही नहीं, बल्कि अपने प्रति भी अशालीन हो गया। देखा जाता है कि कई बार आदमी खुद से भी बत्तमीज हो जाता है। जब हम अपने शरीर से अभद्र व्यवहार करते हैं तो जीवन में बीमारियाँ आती हैं और जब हम मन के प्रति अशालीन होते हैं तो वासनाएँ प्रवेश कर जाती हैं। जिनके जीवन में सौजन्य सही रूप में उतरा, वे कभी नाखुश नहीं रहेंगे। इसलिए कोशिश करें, पहले स्वयं से शालीन बनें तो अपने आप हम दूसरों के प्रति भद्र होते जाएँगे। हमारी ऐसी भद्रता निश्चित ही भगवान् को पसंद आएगी।

□

अहिंसा अध्यात्म की आत्मा है

सच और झूठ को हमने सुविधा और असुविधा से अपनाया है। दार्शनिकों का कहना है कि लोगों ने जिंदगी में झूठ को लुब्रिकेंट की तरह उपयोग किया है। झूठ उनकी जिंदगी को चिकना बनाता है, सुविधाजनक बनाता है और एक दिन वे झूठ के इतने आदी हो जाते हैं कि भूल ही जाते हैं कि सच है क्या? झूठ ही उनके लिए सच बन जाता है। झूठ को केवल शब्दों से न पकड़ा जाए। बातचीत में गलत तथ्य को प्रकट करना ही झूठ नहीं है। झूठ का संबंध केवल वाणी से न जोड़ा जाए, झूठ समझ से भी जुड़ा है। स्वामी अवधेशानंद गिरिजी ने अहिंसा के सत्य को बहुत अच्छे से व्यक्त किया है। चूँकि ज्यादातर मौकों पर लोगों ने अहिंसा के झूठ को पकड़ा, इसलिए उसके अर्थ भी बदल गए और हमने अहिंसा का सही लाभ भी नहीं उठाया। उनका कहना है—अहिंसा अध्यात्म की आत्मा है। उन्होंने व्यक्त किया है कि अहिंसा एक तरह की पगडंडी है, जिसके दोनों ओर गहरी खाइयाँ हैं, ध्यान बँटा, फिसले और गिरे। संसार की हर राह पर इतना विचलन और फिसलन है कि अहिंसा के मार्ग को ठीक से न समझें तो नुकसान ही होगा। स्वामीजी कहते हैं, अहिंसा का एक नाम निर्वाण है। इसका अर्थ है—दुःख की सारी परंपराओं से छूट जाना और शांति का उपयोग करना। अहिंसा का एक और अर्थ है—समाधि। अहिंसा व्यक्ति को वह स्वास्थ्य देती है, जिससे वह अपनी भीतरी और बाहरी समस्याओं से मुक्त हो जाता है। शक्ति, तृप्ति और दया, ये भी अहिंसा के रूप हैं। अहिंसा के लिए एक सुंदर शब्द उत्सव भी है। अहिंसक व्यक्ति विषाद से मुक्त होता है और यह उत्सव की एक सुंदर स्थिति है। भय सबसे बड़ी हिंसा है। हम जितने अहिंसक भाव से ओतप्रोत रहेंगे, उतने ही भयमुक्त और भ्रष्टाचार मुक्त रहेंगे।

□□□